본격 시사인만화

본격 시사인 만화

초판 1쇄 발행 2011년 3월 10일
초판 2쇄 발행 2011년 3월 29일

지은이·김선웅
펴낸이·표완수
편집인·문정우

펴낸곳·㈜참언론 시사IN북
출판신고·2009년 4월 15일 제 300-2009-40호
주소·110-090 서울시 종로구 교북동 11-1 부귀빌딩 6층
주문전화·02-3700-3256, 02-3700-3250(마케팅팀), 02-3700-3255(편집팀)
주문팩스·02-3700-3209
전자우편·book@sisain.kr
블로그·book.sisain.co.kr

· 시사IN북은 시사주간지 〈시사IN〉에서 만든 출판 브랜드입니다.
· 이 책은 저작권법에 따라 보호받는 저작물이므로 무단 전재와 무단 복제를 금지하며,
  이 책 내용의 전부 또는 일부를 이용하려면
  반드시 저작권자와 시사IN북의 서면동의를 받아야 합니다.
· 잘못된 책은 바꾸어 드립니다.
· 책값은 뒤표지에 있습니다.

ISBN 978-89-94973-00-5 07300

굽시니스트의
MEMORY OF 2009~2011

본격 시사인 만화

머리말

　사실 아무리 편한 자리에서도 정치 이야기는 하지 않는 법이라고 하지요. 뭇 사람들이 가진 신념의 날선 각과 나랏일의 진중함이 혀를 누르고 있으니, 현명한 사람이라면 어찌 정치 이야기를 쉽게 입에 담겠습니까.
　그런데 이 천둥벌거숭이 신참 만화쟁이가 이리 함부로 펜을 놀려 정치 운운하는 만화를 그리고, 사람들에게 널리 보이니 이건 무슨 배짱인가 싶습니다.
　세상 돌아가는 일에 대한 대화에서 언제나 무지함을 드러내며 핀잔받기 일쑤인 굽시가 전국구 시사 정론지의 지면을 얻은 것은 정말 불가사의한 일이지요.
　돌이켜 보건대 하찮은 재주로 빤한 소리를 그림으로 옮겨 그리며 잘난 척하던 때가 있던 바, 〈시사IN〉 신호철 기자께서 제대로 공부하고 재주를 갈고 닦으라는 의미로 감사하게도 지면을 추천해주셨습니다. 그리하여 얕은 식견으로 중한 이야기들을 멋대로 풀어 그려낸 것이 책으로 나오게 되었습니다.

　정치·시사에 관한 만화를 어떤 분명한 정치적 입장 위에서 그려내는 것은 다분히 만화의 이미지 언어적 특성을 이용해 이치를 넘어서는 성과를 얻으려는 의도가 섞일 수밖에 없습니다. 그 지점에서 느끼는 불편함이 바로 사람들로 하여금 일상에서 정치 이야기를 꺼리게 만드는 불편함과 비슷한 것이겠죠.
　하지만 독자는 눈도 두 개요, 귀도 두 개이니 이쪽으로 쭈욱 나간 이야기는 저쪽으로 쭈욱 나간 이야기를 통해 상쇄되겠지요. 지금 세상은 그야말로 이쪽저쪽 전방향의 이야기로 넘쳐나는 세상이니 말이죠.

이 〈본격 시사인 만화〉의 얕은 식견과 편향은 둘째 치고, 특정 기호·취미 집단에서나 통하는 농담거리의 사용으로 이 만화 두 페이지가 대부분의 〈시사IN〉 독자들에게 영문 모를 페이지 낭비가 되어버림은 참으로 송구스러운 일입니다.

거기에 대해 변명을 하자면, 시사 정론지 〈시사IN〉은 다양한 기호 집단, 세대와의 소통을 중요한 과제로 삼고 있습니다. 그 일환으로 〈본격 시사인 만화〉 지면에 다양한 하위문화 소재들이 소개되는 것이라는 건 페이크고, 그냥 굽시가 일빠 오덕이라 그렇습니다.

이후로는 정상적인 만화를 그리도록 노력하겠습니다.

아무튼 독자 여러분의 과분한 성원 덕분에 결국 이렇게 계속 연재된 만화가 책으로까지 나오게 되었습니다. 마음에서 우러나오는 감사의 말씀을 올립니다. 또한 부족한 만화에 계속 지면을 내어주시고 이렇게 책으로까지 엮어주신 주간 〈시사IN〉에 무한한 감사의 말씀을 올립니다.

무엇보다 만화의 주인공으로 꾸준히 출연해주신 우리 각하께 감사 말씀 전합니다. 솔직히 이만큼 각하를 친근하게 그려드린 만화도 별로 없지 말입니다.

굽시니스트

차례

머리말 • 4

프롤로그 • 9
龍虎相搏 愛憎無二 • 13
ADIOS DJ • 17
충청도 웨스턴 • 21
본격 내각제 지지 만화 • 25
사필귀정이겠지요 • 29
'이제오늘' 이재오 • 33
noblesse de robe • 37
아프간 안 가면 좋겠다 • 41
La Serenissima • 45
血書 • 49
지혜로운 가카 • 53
크리스마스 캐롤 • 57

Eyeless • 61
2009~2010 송구영신 • 65
영웅시대 • 69
그랜드 서울 • 73
머나먼 세종시 • 77
어느 양치기 소년의 몰락 • 81
한강이 얼었다 • 85
합종연횡 • 89
제2주년 태양절 • 93
오세훈과 100인의 시의원 • 97
영광의 가카데미 • 101
공공의 밥 • 105
Passion Week • 109
카틴에서 화해로 • 113
어떤 수미산 • 117

NONO • 121
중국, 중원에서 답을 얻다 • 125
5공 영웅전설 • 129
바람과 민초 • 133
20세기 노년 • 137
6·2 지방선거 • 141
월드컵 • 145
6·25 60주년 • 149
모세와 이명박 • 153
영포 메이슨 • 157
7·28 재·보선 전야 • 161
7·28 재·보선 후 • 165
외교 5류 • 169
앙시앙레짐 • 173
웃지 않는 공주님 • 177

전쟁편 • 181
'공후백자남' 대사·영사·서기관 • 185
군역의 문란 • 189
'김씨조선' 세자 책봉 • 193
팔색조 손학규 • 197
남미가카 대박 • 201
ㅎ20 • 205
'환짜' • 209
욕망의 불꽃 • 213
연평도 포격 • 217
뭘 어쩌지? • 221
Komelas를 떠나는 사람들 • 225
야누스의 문 • 229
성의란 무엇인가 • 233
π • 237

프롤로그

點

점. 나 한 명.
혼자 생각하고
추리한다.

線

선. 너와 나.
둘이 이야기하고
생각을 나눈다.

面

면. 우리들.
모두가 함께 생각을
공유한다.

空

공. 생각이 다른
여러 우리가 서로
쟁론하여 정치의 공간을
이룬다.

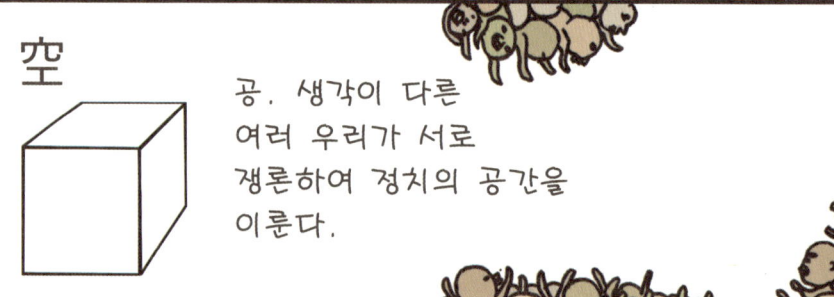

굽시니스트의 못다 한 이야기

어둠 속에서 희미하게 빛나는-
아니 그건 빛이라기보다는 단지 조금 덜 어두운 점.
방사성동위원소 라듐이라는 재질로 푸르스름하게 빛나는 그 한 점에
희미한 십자쇄선을 갖다 맞추며 야간방열을 억지로 진행시킨다.
자기 손도 보이지 않는 어둠 속에서 반 킬로미터 밖의 사수들은 도저히
믿지 못할 희미한 점으로 나와 이야기하려 하고 그 희미한 점으로 내가
당신들을 이해해주길 바란다.
내가 그들에게 답할 수 있는 언어도 그들의 희미한 점과 마찬가지로 어
둠과 그리 다를 것 없는 고깔불빛뿐.
그 까마득한 어둠 속에서 조심스레 서로를 더듬는 눈먼 곤충들의 촉수.
그 희미한 불빛은 다시 잠든 꿈속에 떠올라 오래도록 어른거린다.
나는 포병대대의 측각수였다.

龍虎相搏
愛憎無二

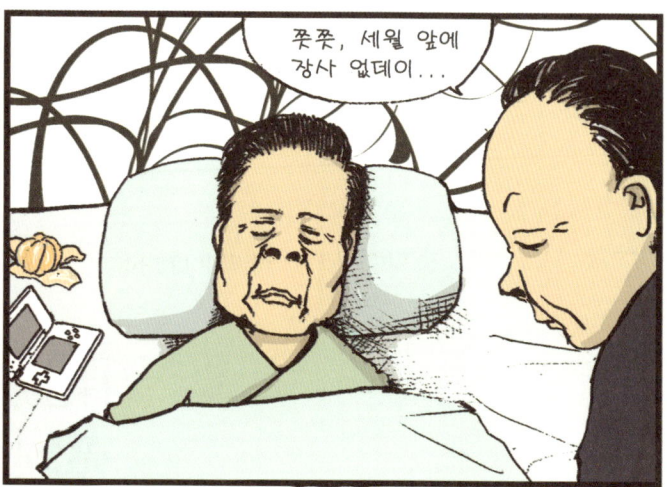

결국 DJ가 이기고, YS도 열심히 도왔지만 박통의 더티플레이로 대선에서 깨지고.

굽시니스트의 못다 한 이야기

김대중 전 대통령이 병상에 있을 때 이 만화를 그려 보냈는데 데스크에서 퇴짜를 놓은 바람에 잡지에는 게재되지 못했습니다.
등장한 만화들을 보면, 유진산이 〈유리가면〉의 츠키카게 선생, 이어서 YS와 DJ가 아유미와 마야, 그다음이 〈드래곤볼〉의 손오공과 베지터, 그다음이 〈우주세기 건담〉의 샤아와 아무로, 그다음이 사스케와 나루토, 그다음이 〈코드 기어스〉의 스자쿠와 를르슈, 마지막으로 〈마크로스 프론티어〉의 란카와 쉐릴입니다. 쉐릴은 불치병에 걸렸지만 노래의 힘으로 다시 살아나죠.
민주화의 두 거인이자 라이벌인 DJ와 YS. 그들이 같은 시대에 난 걸 두고 한국 현대사의 가장 아쉬운 부분이라 평하는 사람들도 있습니다.

ADIOS DJ

2009년 8월 29일자

굽시니스트의 못다 한 이야기

2009년 8월 18일, 김대중 전 대통령이 서거했습니다. 향년 85세. 들리는 얘기로는, 클린턴 전 미국 대통령이 방한했을 때 몸이 아픈 DJ가 손님을 맞으면서 더위 타는 미국인을 위해 에어컨을 빵빵하게 틀게 했고, 이때 결정적으로 병을 얻어 끝내 다시 일어나지 못하게 되었다고 합니다. 그래도 그 숱한 죽음의 고비를 넘겨 85세라니 천수를 누렸다 할 만합니다.
민주투사로 칭송받고 노벨 평화상까지 받은 DJ지만 그 역시 정치인인지라 잘못된 정치적 결정과 실정으로 많은 비판을 들어야 했습니다.
그래도 죽은 사람에 대해서는 덕담만을 남기는 게 우리네 미풍양속.
만화에 나온 꽃은 DJ의 상징인 인동초 꽃입니다.
세 번째 컷은 그 유명한 도쿄 납치 사건을, 다섯 번째 컷은 신군부에 의한 사형판결, 마지막 컷은 DJ DJ. 사실 DJ는 DJ라는 약칭을 별로 맘에 들어하지 않았다고 합니다.

충청도 웨스턴

2009년 9월 12일자

굽시니스트의 못다 한 이야기

정운찬 전 총리께서는 그 좋은 머리와 학식으로 대망을 펼쳐볼 가능성도 있었지만, 지금 와서 돌이켜보면 만사휴의(萬事休矣)였습니다. 세종시는 처음부터 이길 수 없는 게임이었고, 정치판은 상아탑의 서생이 노닐기에는 너무 위험한 복마전이었습니다.

아아, 언제나 깊은 애향심을 간직하고 살아가는 충청인 굽시니스트는 바로 옆 동네인 공주 출신의 총리에 거는 기대가 남달랐는데 말입니다. 저 포스터에서도 영화 〈좋은 놈, 나쁜 놈, 이상한 놈〉의 배역 중 좋은 놈 정우성의 자리에 정운찬 전 총리를 위치시켰건만.

그건 그렇고 한때 충청도의 기대를 한 몸에 받았던 이인제 의원은 지금 어느 당에 가 계시려나…….

충청도의 좌절 정치인 계보는 JP로부터 이회창, 이인제를 거쳐 정운찬까지 이어져왔습니다. 그리고 이제 충청도의 새로운 대표선수 안희정 지사는 과연?

본격 내각제 지지 만화

2009년 9월 19일자

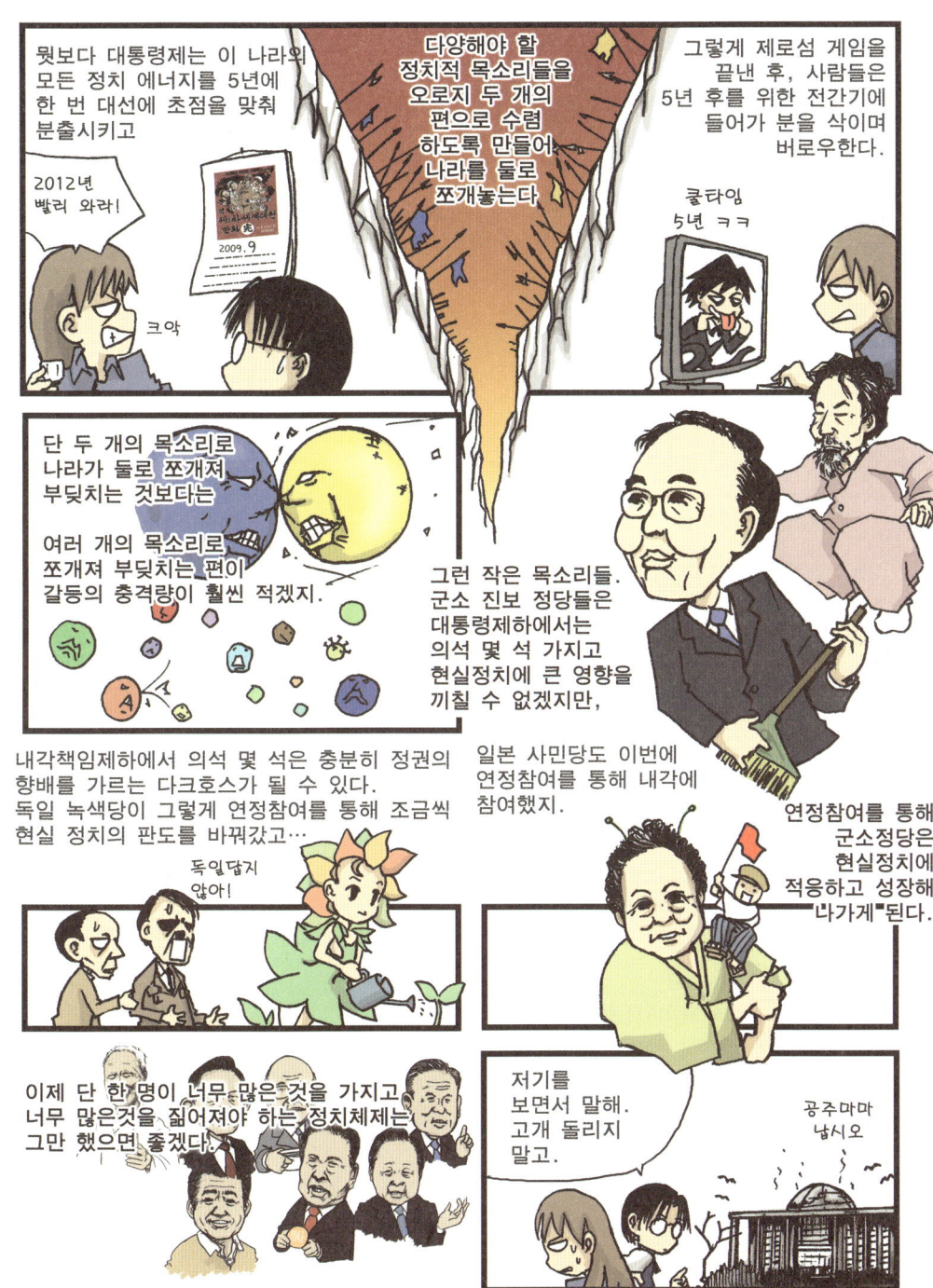

굽시니스트의 못다 한 이야기

이 무렵 일본은 자민당에서 민주당으로 정권이 교체되었습니다. 1993년 호소카와 정권이 고만고만한 8개 연립정당의 조합으로 정치공학적인 정권교체를 이룬 데 반해, 이번에는 민주당이 단독 과반을 확보하며 명실상부한 제1당으로 정권교체를 이뤄냈습니다. 민주당 단독 과반이지만 사민당 등의 중도좌파 세력도 연정에 참여했죠.
보시다시피 굽시는 내각제 지지자입니다. 대통령 직선제가 6월 항쟁의 빛나는 성과물이긴 하지만, 결국은 국민투표로 임기 5년의 왕을 뽑는 게 아닌가 싶어서 말이죠. 정치에 대한 국민의 관심도 대통령에 대한 지지와 반대라는 좁은 지점에만 모아지고 말입니다.
우리나라에서 내각제가 지지받지 못하는 주된 이유가 의회정치에 대한 국민의 깊은 불신 때문인지라 결국 정당과 정치인이 그간 보여준 행보에 그 책임을 돌릴 수밖에 없겠습니다.
그래도 언젠가 정치수준이 높아지고 권력이 아닌 진짜 정치를 위해 정치를 할 수 있는 시스템이 갖춰지면 우리나라에서도 내각제 의회정치가 화려하게 꽃필 수 있지 않을까 기대합니다.

사필귀정이겠지요

2009년 9월 26일자

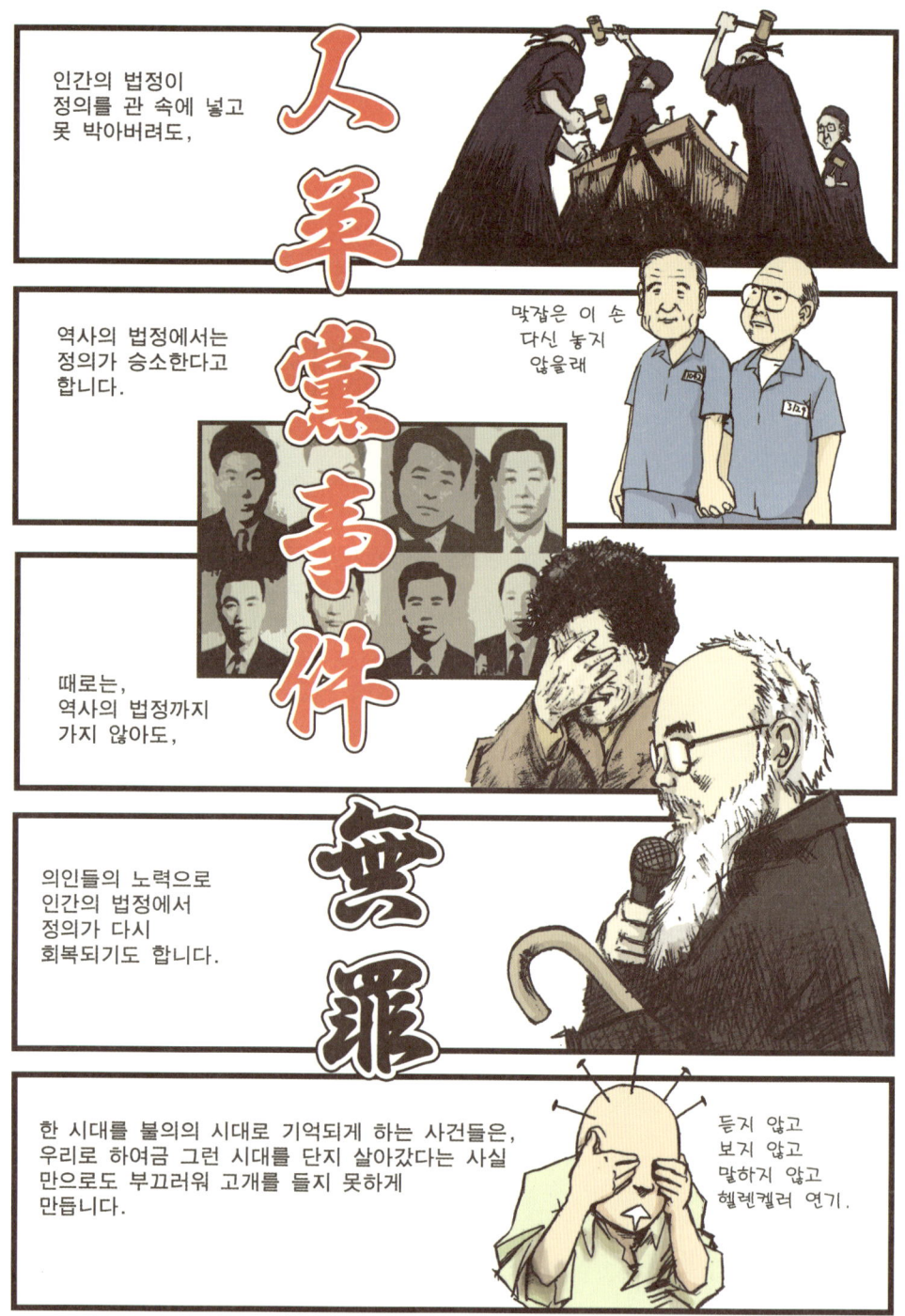

굽시니스트의 못다 한 이야기

독재정권이라는 게 정말로 이 땅에 존재한 적이 있어서, 사법부의 판사까지도 독재자에게 굽실거리면서 '죽여라'라고 명이 떨어진 이들을 죽이는 데 봉사했다는 사실은 정말 섬뜩한 일이죠.
이런 역사는 정말 짚고 넘어가지 않을 수 없습니다. 결국 오늘날 사법부가 과거를 반성하며 유족을 위로하니 이로써 야만의 과거는 우리에게서 한 걸음 더 멀어져 역사의 장으로 넘어갔습니다.
제성호 교수 같은 사람들이 정의의 관점으로 분명하게 다시 기록된 역사를 받아들이길 거부한들, 결국 큰 수레바퀴는 비록 느리더라도 앞으로 굴러가고 무모한 사마귀가 이를 멈출 수는 없습니다.

'이제오늘' 이재오

2009년 10월 17일자

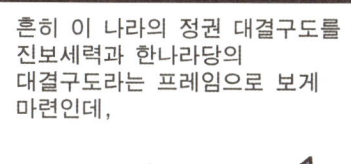

굽시니스트의 못다 한 이야기

이 무렵 이재오 의원이 국민권익위원회 위원장에 취임했습니다(지금은 특임장관이 되었지요). 이야, 진짜 대단했더랬습니다. 자전거 타고 전국을 돌아다니면서 암행어사 출두야~! 주민은 암행어사 로또를 만나 민원 쏟아내고, 관할 사또는 끌려나와 곤장을 맞고. 저게 바로 대통령 측근, 실세의 세도. 재야 운동가 시절에는 그런 권세를 꿈엔들 상상이나 해봤겠습니까.

이재오 장관이야말로 한나라당의 대표적인 운동권 출신 정치인이죠. 빨갱이라는 표현이 억울하지 않을 극좌 출신입니다. YS칠드런 중에 노무현 전 대통령이 반대자들에게 왼쪽이란 소리를 좀 들었지만, 이재오 장관은 민통련·전민련 간부 출신이니 왼쪽도 한참 왼쪽이었던 셈이죠. 그리고 지금은 가카의 최측근, 특임장관이시네요. 뭐 유신·5공에 비하면야 지금은 충분히 민주화된 사회랄 수 있으니 그 시절에는 극단적인 독재에 대한 극단적인 투쟁을 택했고, 이제는 그리 극단적인 시대가 아니니 권력 상층부에서 정치를 논하겠다는 태도를 비난할 수야 없겠지요. 하지만 사회 경제적으로 강자와 약자가 벌이는 불합리한 게임의 규칙은 그때나 지금이나 그다지 바뀌지 않았다는 걸 생각해보면 이재오 장관은 독재에 대한 투쟁을 시스템에 대한 투쟁으로 이어가야 하지 않았을까 하는 생각도 좀 해봅니다.

noblesse de robe

2009년 10월 31일자

굽시니스트의 못다 한 이야기

효성 비자금 사건의 실체가 작금에 이르러 그 베일을 벗기 시작했습니다. 오너 일가가 사적인 이득을 챙기기 위해 회사를 이용해먹으면서 벌인 각종 위장 금융거래와 탈세, 자산 해외 밀반출 따위 혐의가 터져나오고 있지요.

이 당시에도 이미 수사에 소극적인 검찰을 향한 의심의 눈초리들이 있었습니다. 그 흔한 압수수색은 물론, 검찰이 밥먹듯이 해오던 언론 끌어모아 벌이는 수사쇼도 없이 조용히 덮고 가려는 인상만 강하게 주고 있었습니다. 진짜 효성그룹 본가를 치기 싫어하더랍니다.

효성의 조석래 회장이 가카의 사돈이라는 점이 검찰의 수사의지와 감투정신에 어떤 영향을 끼쳤을까요? 검찰은 인사권자인 대통령에 대해 알아서 기는 충성심을 지니고 있는 걸까요?

참고로 길거리에서 보는 저 수많은 효성 오토바이는 효성그룹과는 다른 회사인 효성기계가 스즈끼와 기술 제휴로 만든 효성스즈끼 오토바이입니다. 효성 창업자인 고 조홍제 회장이 첫째인 조석래에게는 효성그룹을, 셋째인 조욱래에게는 효성기계를 물려준 겝니다.

아프간 안 가면 좋겠다

2009년 11월 7일자

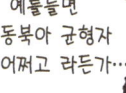

굽시니스트의 못다 한 이야기

아프가니스탄 샘물교회 피랍사건 이후 한국군이 철수했던 아프가니스탄에, 미국 정부가 다시금 한국군 파병을 요청하고 나섰습니다.
그리하여 지금 아프가니스탄 파르완 주에 가 있는 한국군 특전사부대가 바로 오쉬노 부대입니다(특전사 310명, 해병대 10여 명).
천하에 다시 없을 포악한 악당 탈레반 놈들을 우리 특전사 용사들이 죄다 쓸어버리고 개선한다면 멋진 일이겠지만, 그런 초딩 수준의 몽상보다는 그저 사지에서 우리 군인이 조금이라도 상하는 일 없이 안전히 짱박혀 있다가 무사히 그대로 돌아올 수 있기만을 바랄 뿐입니다. 아예 그런 곳은 가지 않는 게 가장 좋은 일이었겠지만…….

La Serenissima

2009년 11월 14일자

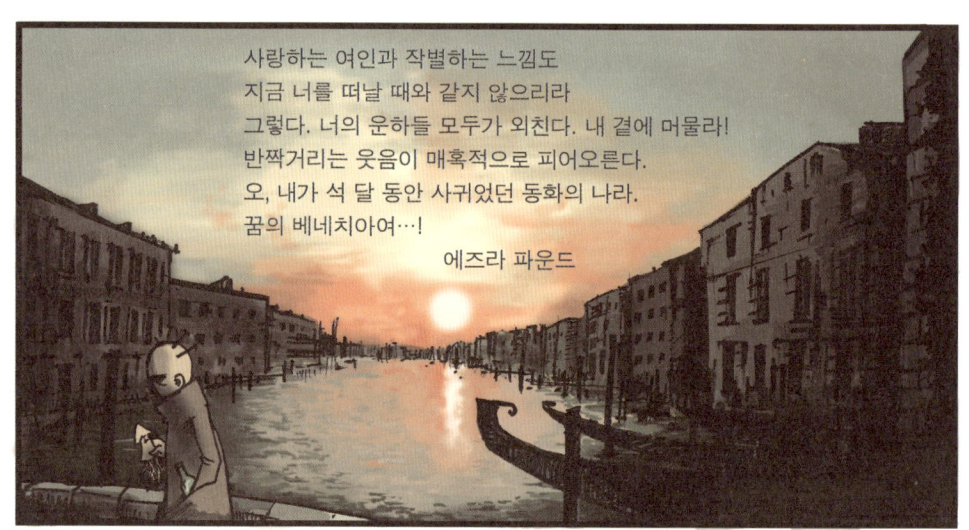

Serenissima
물의 도시 베네치아

이 작은 도시가 한때 강대국들 틈바구니에서 지중해의 상권을 장악하고 아드리아해의 여왕으로 불렸습니다.

그 역사는 강소국의 멋진 롤모델로 일찍이 이 나라 정치인들의 마음을 사로잡았습니다.

상인귀족들이 나라를 다스린다구?!

오! 운하의 도시!!

운하를 통해 세계를 향해 열려 있는 작지만 강하고 부유한 도시국가! 이 얼마나 매혹적인가!

서울이 바로 베네치아가 되는 겁니다!

★그랜드 서울★
서울에 힘을 몰아줘 도시의 덩치로 세계적 경쟁력을 갖추자는 주장이지요.

인구 천만의 이 거대한 서울이 아시아의 베네치아가 되는 건 어떤 의미를 가질까요.

북이탈리아 베네토 지방은 베네치아에 식량과 노동력을 공급하는 배후지였습니다.
도시국가의 농장과 휴양지인 시골.

도시국가 서울은, 베네토 지방과는 비교도 안 되게 큰 땅과 인구를-

시골 배후지로 삼으려는 걸까요.

무엇보다도 도시국가 모델 자체가 구시대의 모델입니다.

베네치아는 근대를 넘기지 못하고 쇠망.

새시대의 주인공은 머리만 기형적으로 큰 도시국가가 아닌, 나라 전체가 유기적으로 얽혀 발전한 영토국가들이었습니다.

수도
지방

국가의 백년대계가 서울 올인 전략으로 심각한 위기를 맞고 있는 건 아닐까요.

집중! 오로지 머리에 집중!

주여!

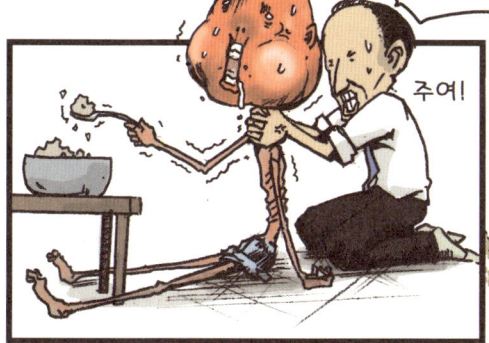

우리가 좋아하는 서울의 많은 매력들이 있는데, 정부청사는 거기 포함되어 있지 않지요.

굽시니스트의 못다 한 이야기

상인귀족이 지배하는 부유한 도시국가 베네치아는 강소국의 좋은 롤모델이지요.

하지만 사실 따지고 보면 저 멋진 도시국가는 도시의 지배층과 배후지의 피지배층이라는 사회 경제적인 계급구조를 통해 이루어졌습니다. 서울과 한반도가 그런 관계가 되는 건 별로 좋은 일이 아닐 것 같습니다.

무엇보다 베네치아의 지배층은 투철한 공리의식을 갖고 노블레스 오블리주를 체화한 사람들이었다는 걸 유념해야 할 것입니다. 자신의 부를 늘리는 것이 국가의 부를 늘리는 것이라고 주장하며 국가를 이용하던 사람들이 아니라, 자신의 부를 아낌없이 국가를 위해 내놓으며 마지막으로는 목숨까지 바쳤던 사람들이 베네치아의 영광을 만들었다는 것을 기억해야 할 것입니다.

그리고 베네치아나 운하라고 하면 서브컬처 쪽에서는 흔히 만화 〈ARIA〉를 떠올리고, 대운하와 관련해 가카를 곤돌라를 모는 운디네로 묘사한 패러디가 종종 나오곤 했습니다.

血書

2009년 11월 21일자

굽시니스트의 못다 한 이야기

이 무렵 〈친일파 인명사전〉이 발간되었습니다. 수록된 많은 이름 중에 '박정희'가 특히 주목을 받았지요. 21세기에 이르러 뒤늦게 순결한 민족국가를 이루고 싶어 하는 바람과 독재자가 만들어놓은 시스템에 반대하는 민주화 세력이 항상 찰떡궁합을 자랑하는 부분이 바로 저 '박정희'입니다.
'힘'에 대한 굴종과 합리화라는 측면에서 친일파와 독재 산업화 세력이 일맥상통하는 부분이 있기 때문에, 그 반대편에서 민족과 민주화가 함께 만날 수 있는 거겠지요.
박정희의 형 박상희는 일찍이 동네에서 소문난 수재에 마당발로 구미에서 장래의 대통령감으로 칭찬이 자자했답니다. 흔히 공산주의자로 알려졌지만 몽양 라인의 진보 민족주의자라는 게 더 맞는 설명일 것입니다. 이후 대구항쟁 때 좌파 지도자로 나섰다가 경찰의 총에 사살당합니다. 형의 죽음에 열받은 박정희가 남로당에 가입했다고도 하고…… 나중에 김일성은 박상희의 친구인 황태성을 서울에 밀사로 보내지만 박정희에 의해 처형되고 말죠. 친한 동생이라고 안심하고 룰루랄라 내려왔다던데 말이죠. 친구 동생이라고 너무 방심하면 안 되겠습니다.
열혈남아인 형과 찌질한 동생이라면 대개 애니메이션 쪽에서는 〈그렌라간〉의 카미나 시몬 형제를 떠올리게 됩니다.

지혜로운 가카

2009년 11월 28일자

내가 한미FTA 재협상에 대해 어떻게 생각하냐며 F자를 펼쳐보이자,

그는 자동차 운전하는 모양새를 통해 자동차 재협상의 여지가 있다고 하였다.

그리고 세 개의 손가락을 들어 300명의 군사를 아프간에 능히 파병할 수 있겠는가 묻자,

그는 네 개의 손가락을 들어 400명을 더 보낼 수도 있다 하였다. 이 어찌 대장부의 큰 기개가 아니겠는가.

황상이 돌아간 후 신하들이 가카에게 황상과 묻고 답한 바에 대해 물었다.

"황상이 나를 아주 친근하게 여기는 것 같았다."

황상이 손가락으로 골프채 모양을 만들며 언제 골프 한 라운드 돌자고 하더라.

이에 운전하는 모양새로 골프 카트는 내가 몰겠다고 답했다.

또, 황상이 손가락 세 개로 세종시 문제가 걱정이냐고 묻기에, (("세종을 영어로 하면 Three Bells니까-" "뭐가 어쩌고 어째"))

손가락 네 개로 4대강 외에는 다 아웃 오브 안중 이라 답했다.

이에 천하가 가카의 지혜에 탄복하여 이후 가카를 掘魯罰虎口(굴로벌호구)라 칭송하였다.

굽시니스트의 못다 한 이야기

오바마 첫 방한 때 분위기 정말 좋았죠. 오바마의 국제적인 인기가 하늘을 찌를 때였고, 한·미 FTA 재협상도 곧 잘될 것 같았고, 아프간 파병 동의도 순조롭고 말이죠. 그러나 1년 후에 한·미 FTA 재협상이 결국 결렬될 줄이야…….

그건 그렇고 오바마랑 주거니 받거니 하시는 걸 보니 우리 가카가 영어를 꽤 하십니다. 역대 대통령 중에서 영어라면 역시 프린스턴 대학 박사인 이승만 대통령이 최고일 것이고, 그다음은 번역 장교였던 노태우 대통령, 미국 방송에서 영어로 토론한 김대중 대통령 정도겠죠. 가카는 그다음 순서를 꿰차실 수 있을 것 같기도 합니다.

사신과의 수화 문답에서 떡보가 승리한다는 떡보 설화와 비슷한 이야기가 일찍이 중국의 〈대당서역기〉에 실렸고, 우리나라에서는 〈어우야담〉과 〈이언총림〉에 수록되어 있습니다.

크리스마스 캐롤

2009년 12월 19일자

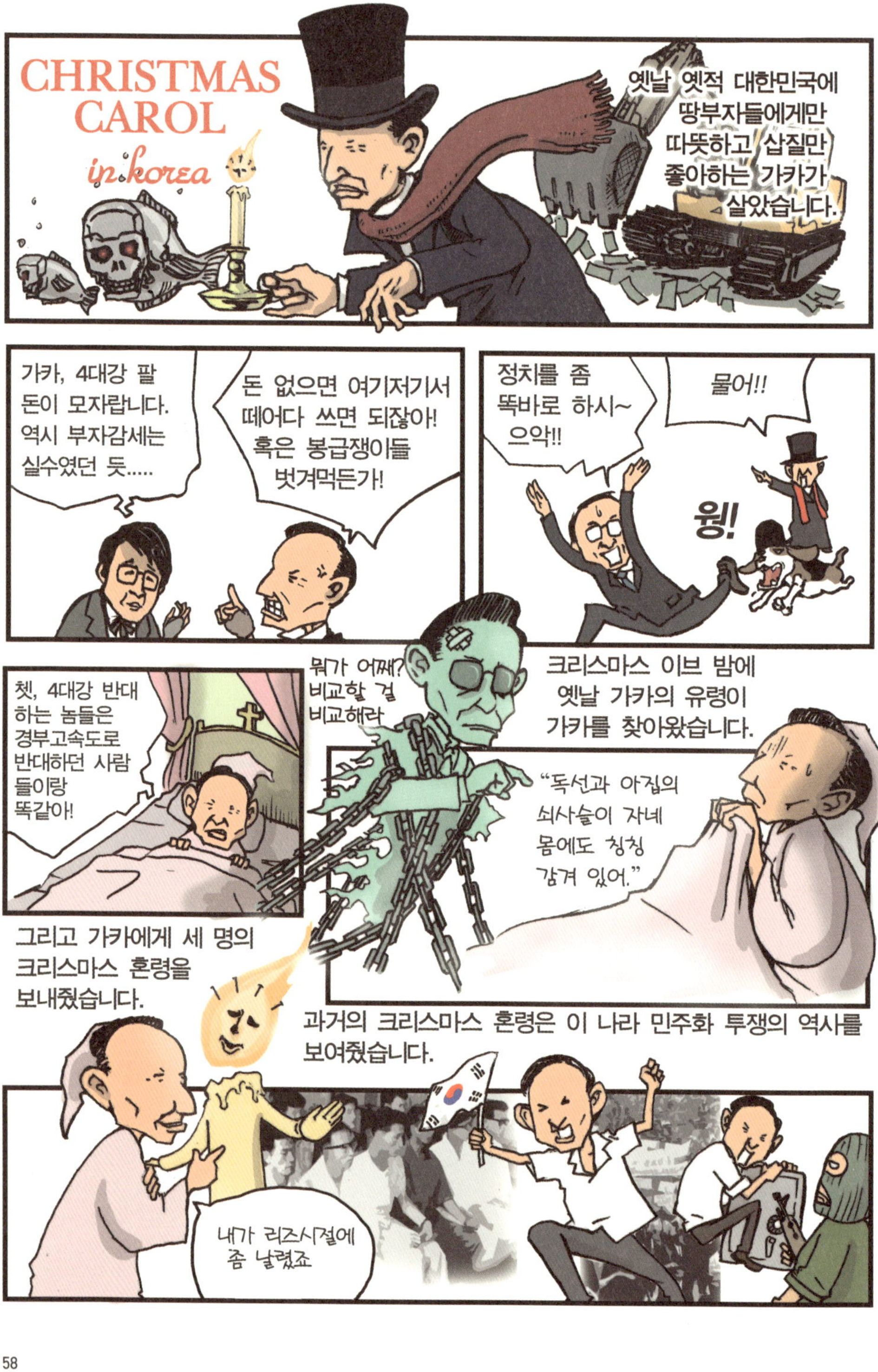

굽시니스트의 못다 한 이야기

크리스마스라면 역시 뭐니 뭐니 해도 디킨스의 〈크리스마스 캐롤〉이죠. 크리스마스 이브의 런던을 묘사하는 그 신필은, 머릿속에는 캐롤송이 울려퍼지고 코에는 맡아본 적도 없는 칠면조 구이 냄새가 맴돌게 만듭니다.

이 즈음 개봉한 짐 캐리 주연의 애니메이션 〈크리스마스 캐롤〉은 원작에 충실하면서도 그 환상적인 분위기를 최첨단 기술을 이용해 재현함으로써 세련된 예술적 성취를 이뤘습니다.

디킨스가 가졌던 빈곤에 대한 직시는 산업혁명기 영국뿐 아니라 21세기 한국에서도 여전히 유효한 테마입니다.

Eyeless

2009년 12월 26일자

굽시니스트의 못다 한 이야기

사실 고백하자면, 저는 드라마 〈아이리스〉를 보지 못했습니다. 집에 TV가 없거든요. 그저 워낙 그 최종회에 대한 얘기가 무성하기에 최종회만 따로 봤습니다.
뭐 우리나라도 미국 드라마처럼 총싸움하고 해외로 날아다니고 마지막에 반전으로 엎어주는 그런 드라마를 만들어낼 때가 됐다는 게로군요.
광화문 광장 디자인에 대해서는 뭐 이런저런 말들이 많습니다. 역시 그냥 과감하게 양쪽 차도 없애버리고 세종문화회관에서 건너편 미국 대사관까지 다 이어지게 만들어버렸으면 좋았겠지요. 그렇지만 역시 교통문제가 곤란하긴 할 거고……. 아니면 양쪽 차도를 1차선으로 만들고 버스만 다닐 수 있는 전용차로로 만들든가…….
무엇보다 세종대왕 동상 디자인이 너무 재미없어요! 뭐 아무튼 광장 관리 비용이 두 달에 3억 6천만 원이나 든다고 욕먹기도 하고, 시위 금지 때문에 까이기도 했지만, 결국 오세훈 시장은 어렵게 재선되어 디자인 서울 구상을 계속 이어가게 되었습니다.

2009~2010 송구영신

2010년 1월 2일자

굽시니스트의 못다 한 이야기

연말에는 뭔가 한 해를 정리하며 반성하는 분위기의 만화를 그려야 되지요.

2009년은 개인적으로는 제2차 세계대전 만화를 마무리짓고 〈시사IN〉 만화를 시작하게 된 해입니다. 키도 한 0.1센티미터 정도는 크지 않았을까요?

사회적으로는 음…… 노무현·김대중 두 전직 대통령의 서거. 용산 참사…… 이건 정말 뭐랄까, 후덜덜한 한 해였습니다.

2008년에 남대문이 불타고, 촛불시위가 있었고, 2009년에는 용산이 불타고 노무현 전 대통령이 투신했는데, 2010년은 제발 조용한 한 해가 되길 바랐지만 지금 와서 돌이켜보면 2010년에는 더 큰 참사가 벌어졌죠…….

영웅시대

2010년 1월 9일자

굽시니스트의 못다 한 이야기

아랍에미리트 원전 수주를 따내면서 가카의 비즈니스 외교에 대한 자화자찬이 하늘을 찌르던 때가 있었습니다. 뭐 지금 와서 보면 가격 후려치기라든가 특전사 끼워 팔기, 수주액 대출과 관련한 이면계약 등등의 말이 나오고 있습니다만.
와, 근데 아랍에미리트처럼 석유가 펑펑 나오는 나라도 원전을 짓는다니 과연 언젠가 석유가 바닥이 나긴 날 모양인가 봅니다.
등장시킨 서브컬처계의 이미지들은, 일단 하루히로 코스프레한 영국 미소녀 베키입니다. 베키를 꼭 한번 그려 넣어보고 싶었어요. 그리고 이즈음 개봉한 극장판 〈에반게리온 파〉의 신지와 카오루입니다.
마틴 버넬의 〈블랙 아테나〉는 오흥식 교수님께서 국내에 번역해 내주고 계신데, 그 내용이 참으로 신선합니다. 고대 그리스 신화의 영웅들이 사실은 이집트, 오리엔트에서 건너간 도래인들이라니, 고대 그리스는 우리가 생각하는 것보다 훨씬 더 이집트, 오리엔트 문화의 직접 영향 아래 탄생한 것인지도 모릅니다.

그랜드 서울

2010년 1월 16일자

유동인구 1,300만을 저 좁은 곳에
몰아넣으니 당연히 과부하가 걸리지요.

서울 605km²

뉴욕 1,214km²

도쿄 2,187km²

북경 16,808km²

굽시니스트의 못다 한 이야기

와, 이때, 그 폭설. 그렇게 눈이 많이 내린 건 진짜 평생 처음 봤습니다. 뭐 당연히 교통 난리 나고, 시와 기상청에 비난이 빗발쳤지요. 그래도 이곳저곳에서 굉장히 신기하고 아름다운 경치를 많이 봤습니다. 평생 서울에서 다시 그런 경치를 볼 일이 있을까 싶습니다.
세종시 문제가 한참 클라이맥스로 치닫던 때라 YS옹도 서울을 사수하는 데 국가백년대계가 걸렸다고 비장하게 한말씀 던지셨지요.
서울과 다른 지역을 놓고 봤을 때 일종의 위계, 즉 계급이 있달까요. 이 나라의 모든 권력과 부를 그 좁은 몸에 혼자 다 욱여넣고 동맥경화로 낑낑거리는 서울 형님은 집중효과라는 말로 그 위계질서를 지키고 싶어 하시지만 몸 만들기도 적당히, 라는 선이 있을 텐데 말입니다.
그러고 보니 어디서 들은 얘기인데, 옛날에 전두환 전 대통령이 대학생 시위하는 꼴 보기 싫어서 서울 시내 대학을 몽땅 다 서울 밖으로 옮기려고 했는데, 대학 총장들이 달려와서 싹싹 비는 바람에 그냥 캠퍼스만 쪼개서 지방 캠퍼스를 만들게 했다지요. 그때 진짜 대학들을 전부 서울 밖으로 옮겼으면 그나마 지금 좀 나았을지도 모르겠습니다.

머나먼 세종시

2010년 1월 23일자

굽시니스트의 못다 한 이야기

정말 어쩌다가 한국에서 이런 노래가 나왔나 싶을 정도로 아름다운 동화 같은 노래인 〈마법의 성〉. 제가 이 노래를 가지고 만화를 세 번이나 그렸습니다. 옛날 고딩 때 끼적였던 만화가 있고, 군대 가서 끼적였던 게 있고, 세 번째가 이 만화군요.

이 아름다운 노래를 만든 '더 클래식'의 김광진 씨. 이분이 요즘에는 한 자산운용사의 본부장으로 계시고 투자전략가로 2009년 금융주 펀드 수익률 1위를 기록했다는 건 참 신기한 이야기죠. 그 펀드 이름이 The Classic, 수익률은 58.6%. 세상에는 왜 이렇게 깜짝 놀랄 만큼 잘난 사람들이 많은지 모르겠습니다……

어느 양치기 소년의 몰락

2010년 1월 30일자

소년이 보기에 꼴 보기 싫은 양이 있으면,

우쭐 우쭐

늑대가 나타났다! 양의 탈을 쓴 늑대다!

혐의다! 혐의가 드러났다!

이렇게 짖고 친구들과 떠드는 것만으로

소환조사! 기소! 구형!

하긴 양이 두 다리로 서는 건 수상하지

꼴 보기 싫은 양을 간단히 왕따 시킬 수 있었습니다.

그런 외침을 통해 소년은 굉장한 권세를 누릴 수 있었습니다.

양이 진짜 양인지 늑대인지 판결을 내리는 건 생물학자 였지만, 소년은 거기에 대해 그리 크게 신경을 쓰지 않았습니다.

그렇게 지내오던 어느 날,

종종 있던 무죄판결들이었지만, 그게 짧은 시기에 한꺼번에 몰려 소년의 무리수들을 한꺼번에 드러냈다는 게 문제였습니다.

위기를 느낀 소년과 친구들이 모두 들고 일어나 생물학자를 욕했지만 생물학자는 그냥 가버렸습니다.

양치기 소년이 거짓말을 자주 한다는 사실을 모두 알게 되어 소년의 외침은 예전처럼 관심을 끌지 못하게 되었고 그 굉장했던 권세도 점차 사그라졌답니다.

굽시니스트의 못다 한 이야기

이 무렵 판·검 갈등 이야기가 나왔었죠. 재판부가 검찰의 무리한 기소와 영장청구를 별로 안 좋게 보는 것 아니냐 하는 관측도 나왔고 말이죠. 하지만 어쩌니 저쩌니 해도 판사와 검사의 관계는 확실한 갑을관계. 갈등이라는 말이 나올 관계가 아닌 것 같습니다. 그냥 검찰의 일부 출세주의자가 오버하는 과정에서 벌어지는 해프닝 정도의 일이겠지요.

한강이 얼었다

2010년 2월 6일자

굽시니스트의 못다 한 이야기

돌이켜보면 이때 북한에서 이렇게 대포를 쏠 때부터 이미 서해에서는 뭐가 터져도 터지리라는 예고가 있었던 셈입니다.
강추위로 오랜만에 한강이 얼었을 때 들려오는 서해의 대포 소리는 김광규 시인의 〈한강이 얼었다〉라는 시의 정황이 21세기에도 아직 끝난 게 아님을 보여줍니다. 사실 '북한 문제'를 해결하지 않고서는 이 나라는 20세기를 끝낼 수 없을 것 같습니다.
독재를 이어나가겠다, 라는 명확한 의사를 가진 독재자가 지배하는 휴전선 이북에 대해, 이남에서 아무리 북 치고 장구 치고 규탄하고 햇볕을 쪼이고 햇볕을 거두고 난리를 쳐봤자 북한 문제 해결에 대한 그 어떤 의지도 휴전선을 넘어 평양에까지 영향을 끼칠 수가 없습니다.
남북문제 해결을 위한 그 어떤 방정식을 길게 풀어 써도, 결국 끝에 '곱하기 0'을 붙이게 되는 평양의 독재 체제가 상수로 존재하니 제갈공명이 환생한들 무슨 뾰족한 수가 나오겠습니까.

합종연횡

2010년 2월 13·20일자

때는 바야흐로 민주 진보 세력이 할거하던 군웅시대.

진보신당의 노회찬 대표는 민주당 이외의 진보세력들이 힘을 합쳐 연대하는 계책을 내놓으니 이것이 바로 合從(합종)의 계책이다.

合從

창조 진보 참여 민노
기타등등

혹은 진보대연합이라고도 한다.

이에 대해 홍세화 씨 등은 제세력이 민주당을 중심으로 뭉쳐 한나라당에 대항할 것을 주장하니 이것이 連衡(연횡)의 계책이다.

혹은 민주대연합.

連衡

합종과 연횡을 놓고 뭇 재사들이 치열하게 설전을 이어갔다.

일단 한나라당을 이겨야 진보고 뭐고 있는 거지!

비지떡 한번 드셔봐

비판적 지지는 비판적으로 GG치는 거야!

굽시니스트의 못다 한 이야기

결국 진보연합은 어떻게든 2012년까지 굴러갈 것 같습니다. 결국 합종책으로 군소 4당이 뭉쳐 민주당과 협상을 벌이게 되는 거죠.
그런데 진보연합이라고 간판을 걸긴 걸었지만 워낙 그 안에서도 티격태격해서 2012년에 이르러 어떤 그림이 펼쳐질지는 아직 예측 불능입니다.
이 무렵 민주당 추미애 의원이 환경노동위원회 위원장 자격으로 노동법 중재안을 환노위에서 통과시켰습니다. 민주당 지도부는 그 반란의 충격에 휩싸였지만 징계 수위는 당원자격정지 2개월에 그쳤습니다. 당을 뛰쳐나가 무소속으로 당선된 정동영 의원도 별말 없이 복당시켜줬지요. 돌이켜보면 정세균 대표 체제는 그리 힘있는 체제가 아니었지요.

제2주년 태양절

2010년 2월 27일자

이명박 대통령 각하의 취임
2주년을 열렬히 경축합니다.
이에 부족한 그림으로나마
2주년을 경하드리는 축전을
올리오니 위대한 실용민족의
747원년에 영광 있으라!
각하께서는 군 현지지도를
통해 선군의 이념을 새로이 하셨다.
4대강 전투를
총력전으로
수행하자!
여성들은
함바에
지원하라!
방송 언론 수복전을
전력으로 지지하자!
KBS
친몰방송은 승리한다!
방송법
방송문화진
조 동

굽시니스트의 못다 한 이야기
퇴임 때도 전심전력으로 그 치세를 기리는 만화를 그려 올리겠습니다.

오세훈과 100인의 시의원

2010년 3월 20일자

굽시니스트의 못다 한 이야기

지난 노무현 정권 때 치러진 지방선거에서 서울시 의회 의원 106명 중 100명을 한나라당이 차지했다는 건, 당시 노무현 정권이 얼마나 민심을 잃었는지 수치로 웅변해주는 사례라고도 볼 수 있을 것 같습니다. 덕분에 오세훈 시장은 정말 마음껏 서울을 화폭 삼아 예술활동에 전념할 수 있었지요.

다 좋은데 옛 서울시 청사를 그리 밀어버린 건 좀 마음이 아프네요. 사실 전 총독부 건물도 그렇게 그냥 밀어버리기보다는, 철거하더라도 마카오 문짝 성당처럼 앞 껍데기는 남겨서 저기 남해 어디쯤에 이전시켜 놓고 관광자원으로 쓰는 게 좋았을 뻔했다고 생각했거든요.

그러고 보니 옛날에 북악산과 총독부와 서울시청이 大日本이라는 글자를 이루게 된다, 라는 떡밥이 돌아다녔었는데, 참 희한한 데로 머리 굴리시는 분이 많은 것 같습니다.

영광의 가카데미

2010년 3월 27일자

굽시니스트의 못다 한 이야기

주간 연재를 하다 보면 진짜 뭘 그려야 되나 막막한 한 주가 있는가 하면, 웃기는 이슈가 너무 많아서 뭘 그려야 될지 고민인 주도 있기 마련입니다.

이 무렵 흉악범죄에 대해 좌파교육 책임론 드립을 친 안상수 대표 얘기, 유인촌 문광부 장관의 회피 연아 동영상 고소 사건도 있었고, 한명숙 기소건과 관련해 검찰의 무리수가 몇 가지 드러나기도 했습니다. 이런데 비하면 이 무렵 입적하신 법정 스님의 저서 '조화로운 삶'을 읽었다고 주장하신 가카의 센스는 귀여운 레벨이지요. 표지의 출판사 이름만 기억하신 모양입니다.

이 즈음에 가카께서 독도 문제에 대해 일본 총리에게 '지금은 곤란하다, 조금만 기다려달라' 드립을 쳤다고 〈요미우리 신문〉이 보도해서 시끌시끌했었죠. 일본 내에서도 수구라 불릴 만한 대표적인 보수 우익 언론인 〈요미우리〉가 독도 문제로 한국을 흔들려는 노림수가 짐작되긴 하지만, 가카께서도 좀 그런 말꼬랑지는 잡히지 않도록 노력해주셨으면 합니다.

공공의 밥

2010년 4월 3일자

굽시니스트의 못다 한 이야기

무상급식 문제가 결국 지방선거와 교육감 선거에서 중요한 이슈가 되었고 야당의 승리에 기여했습니다.
아주 고전적인 시장과 공공의 영역 다툼이 전형적인 양상으로 벌어지는 모습을 보니 왠지 우리나라도 보통 국가처럼 보여서 흐뭇한 기분입니다.
이 무렵 제주도 해군기지 건설을 놓고 갑론을박 중인 제주도로 김태영 국방부장관이 건너가서 해군기지 건설을 옹호한답시고 친 드립이 "아프리카에는 밀림과 자연만 있다. 거길 관광명소라고 하는 사람은 없다. 거기는 그냥 무식한 흑인이 뛰어다니는 곳일 뿐"이었다죠.
다행히 아프리카 53개국과 외교적 마찰을 빚었다든가 오바마 대통령이 발끈했다는 얘기는 없습니다만, 이 나라의 국격 수준에 대해 실망하게 만들기에는 충분했습니다.

Passion Week

2010년 4월 10일자

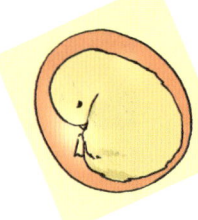

지난 한 주는 예수님의 고난을 기려 기독교에서 2천 년간 지켜온 '고난주간'이라는 절기였습니다.

이번 고난주간은 기독교인이 아니더라도 많은 이들에게 슬픈 고난주간이었을 것입니다.

자기 옷을 찢고 굵은 베로 허리를 묶고 오래도록 그의 아들을 위하여 애통하니…(창37:34)

굽시니스트의 못다 한 이야기

드디어 천안함 정국으로 돌입합니다.
피해갈 수 없는 질문에 솔직하게 답하자면, 일단 저는 북한에 의한 어뢰 공격 쪽이라고 생각하고 있습니다. 누구나 나름의 분석과 견해를 갖고 있겠지만, 제 판단으로는 북한에 의한 어뢰 공격이 가장 가능성이 높고, 결과물에 합치된다고 여겨집니다.
천안함 사건의 실체에 대해 어떻게 판단해야 하는가, 라는 문제는 보혁갈등의 전선에서 일종의 피아식별 구호로 쓰이기도 하고, 전문적인 자료와 해석에 관한 독점과 분점이라는 테마를 끄집어내기도 합니다.

카틴에서 화해로

2010년 4월 15일자

굽시니스트의 못다 한 이야기

미국이 폴란드를 MD(Missile Defence, 미사일 방어체제)에 끌어들인 건 러시아를 펄쩍 뛰게 만들기에 충분한 것이었습니다. 하지만 수백 년에 걸친 러시아의 침탈이 낳은 폴란드 사람들의 반러 감정은 폴란드로 하여금 아주 즐겁게 미국과 손을 잡게 만들지요. 정말 이 정도 악연으로 엮인 이웃나라는 역사상 유례를 찾아보기 힘들 만큼 러시아와 폴란드는 1천 년에 걸쳐 악감정을 쌓아왔습니다.

가톨릭의 폴란드와 정교회의 러시아는 동방의 패권을 놓고 건국 이래 계속 싸워왔으며 한때 폴란드가 강성할 때는 모스크바를 털어버리기도 했습니다. 하지만 근대에 이르러 폴란드는 러시아, 오스트리아, 프로이센에 의해 분할당해 멸망하고, 바르샤바는 백 몇 십 년간 러시아의 지배를 받게 됩니다. 쇼팽이나 퀴리부인도 이 러시아 지배기에 태어났지요. 제1차 세계대전 결과 독립한 폴란드는 러시아 적백내전에 개입해 적군과 투닥거리며 공산혁명을 쓸어버리려고 시도하기도 했고, 이후로도 철저한 반공의 교두보 역할을 자임합니다. 그 결과 제2차 세계대전 때 독일군과 소련군에게 분할 점령당하며, 그 악명 높은 카틴 숲의 학살을 겪습니다. 이후 냉전기에 소련의 위성국가로 전락했다가 1980년대 바웬사의 자유노조 운동과 폴란드 출신인 교황 요한 바오로 2세의 영험한 법력에 힘입어 다시 자유를 찾습니다. 이후 모스크바에 대한 경계를 늦추지 않으며 러시아가 싫어할 일이라면 뭐든 마다하지 않아온 폴란드지요. 러시아와 전쟁을 벌인 그루지야를 지원한다든가, 체첸 반군 지도자를 석방한다든가…….

러시아로서도 이런 폴란드를 어떻게든 살살 달랠 필요가 있겠지요.

어떤 수미산

2010년 5월 1일자

굽시니스트의 못다 한 이야기

이 사회는 순진하게 정의를 들먹이는 소년들을 조롱하는 디스토피아일 지도 모르겠습니다. 스폰서 검사라…… 사실 이렇게 터지지 않아도 누구나 알고 있던 그런 '어른의 세계' 아닙니까? 알 거 다 아는 어른끼리 세상을 지배하고, 여기에 이의를 제기하는 사람은 조롱과 멸시를 뒤집어쓰고 사라지게 됩니다. 근력이 아닌 금력이 지배하는 〈북두의 권〉 세계인 모양입니다. 그런 이 나라가 겉으로 내세우는 애국과 사회 정의의 구호들…… 그런 포장지를 천연덕스럽게 뻗어내는 '알 거 다 아는 어른'의 입을 보고 있노라면 정신분열증에 걸릴 것 같습니다.

뭐 그래도 착하게 살고 싶어 하는 사람이 더 많은 세상이라 믿습니다. 점점 나아지겠죠.

NONO

2010년 5월 8일자

굽시니스트의 못다 한 이야기

지난 지방선거 때 민주당의 한명숙 후보 공천은 기획 공천이었지요. 서울시장 선거를 위해 오래 준비한 실력파 후보보다는 흥행성을 앞세운 친노 전 총리를 후보로 세우는 게 좀 더 그럴듯해 보였을 겁니다. 지금 와서 돌이켜보면 그다지 잘된 공천이라고는 말하기 힘들 것 같습니다. 선거 과정에서 한명숙 후보가 보여준 능력치는 기대에 미치지 못했고, 결과적으로는 패했습니다(모든 걸 '노회찬' 후보의 고춧가루 탓으로 돌리는 간편한 셈법도 있지만……).

등장한 이미지들은, 일단 이 무렵 이대통령은 유명한 퍼포먼스 뮤지션 레이디 가가에 빗대 레이디 가카로 패러디되곤 했습니다. 한명숙 전 총리는 유명한 순정만화 〈NANA〉에 등장하는 록밴드 '블래스트'의 리드 보컬 '나나'로 분장시켰습니다.

중국, 중원에서 답을 얻다

2010년 5월 15일자

굽시니스트의 못다 한 이야기

정관지치(貞觀之治): 중국 당 태종의 치세. 태평성대의 다스림.
구맹주산(狗猛酒酸): 개가 사나우면 술이 쉰다. 어떤 허물 때문에 사람이 모이지 않음.
견아상제(犬牙相制): 개의 이빨처럼 세력이 서로 맞물려 있음.
자부작족(自斧斫足): 믿는 도끼에 발등 찍힌다.
낭중지물(囊中之物): 내 주머니 안에 들어 있는 것.
이양역우(以羊易牛): 양을 소와 바꾼다. 작은 것을 큰 것과 바꾼다.
관중지천(管中之天): 대롱 구멍으로 하늘을 본다는 뜻으로 소견이 좁은 것을 이르는 말.

5공 영웅전설

2010년 5월 22일자

굽시니스트의 못다 한 이야기

5·17이라는 쿠데타에 대해 바로 뒤따라온 반대가 5·18입니다. 언제나 정의가 아니라 힘을 합리화하는 목소리들은, 무력으로 차지한 권력이라도 일단 권력을 차지한 이상은 그 무력이 공권력이요 국가 그 자체라고 말합니다. 요즘에는 그 무력이 금력으로 바뀌었다죠.

〈은하영웅전설〉은 다나카 요시키가 1982년에 집필하여 1989년에 완결지은 소설로 은하계를 무대로 한 전제군주정과 공화정의 전쟁을 다루고 있습니다. 이후 애니메이션과 게임으로 제작되어 성공을 거두었습니다. 한국에도 번역되어 두터운 팬층이 형성되었으며, 1990년대의 일부 청소년 독자가 정치철학에 관심을 갖는 계기가 되기도 했습니다.

바람과 민초

2010년 5월 29일자

굽시니스트의 못다 한 이야기

지방선거를 앞두고 천안함 사건, 노무현 1주기 등등의 바람이 사방팔방에서 불어닥치며 선거판세는 한 치 앞을 내다볼 수 없는 시계 제로의 상황이었습니다.

그러나 그 어떤 선거에서도 100퍼센트의 승률을 자랑하는 투표의 고수가 있더군요. 그야말로 살아 있는 민심의 아바타. 사실 저희 아버지도 그런 은거 고수 중 한 분. 민심은 천심이니 이를 거슬러 투표할 수 없음이랄까요…….

김수영 시인이 1950~1960년대를 살아가며 남긴 시는 1970~1980년대에 사람들 마음에 더 큰 울림으로 다가왔고, 오늘날까지 그 공명이 이어지고 있습니다.

20세기 노년

2010년 6월 5일자

굽시니스트의 못다 한 이야기

그 유명한 1번 어뢰가 나오고, 각종 조사 보고서를 통해 천안함 사건의 범인이 북한으로 드러나면서 남북 관계는 파국으로 치닫습니다. 뭐 그래도 결국 전쟁을 벌일 건 아니었지만…. 여당은 여당대로 안보 정국이 지방선거에 유리하게 흘러가길 바랐고, 야당은 야당대로 전쟁 위기론이 지방선거에서 유리하게 작용하길 바랐습니다. 지금 와서 보면 둘 다 그리 크게 영향을 끼치진 못했지만 전쟁 위기론이 좀 더 '약빨'이 있었던 모양입니다.

뭐, 지금 우리 사회가 초등학교에서 반공 웅변대회 하고, 맘에 안 들면 빨갱이라며 잡아다 고문하는 수준으로 돌아가진 않겠지만, 그 시절의 사회 지도층 2진이 지금은 1진이 되어 우리 사회를 이끌어 가고 있다는 건 조금 등골 서늘한 기분이긴 합니다.

6·2 지방선거

2010년 6월 12일자

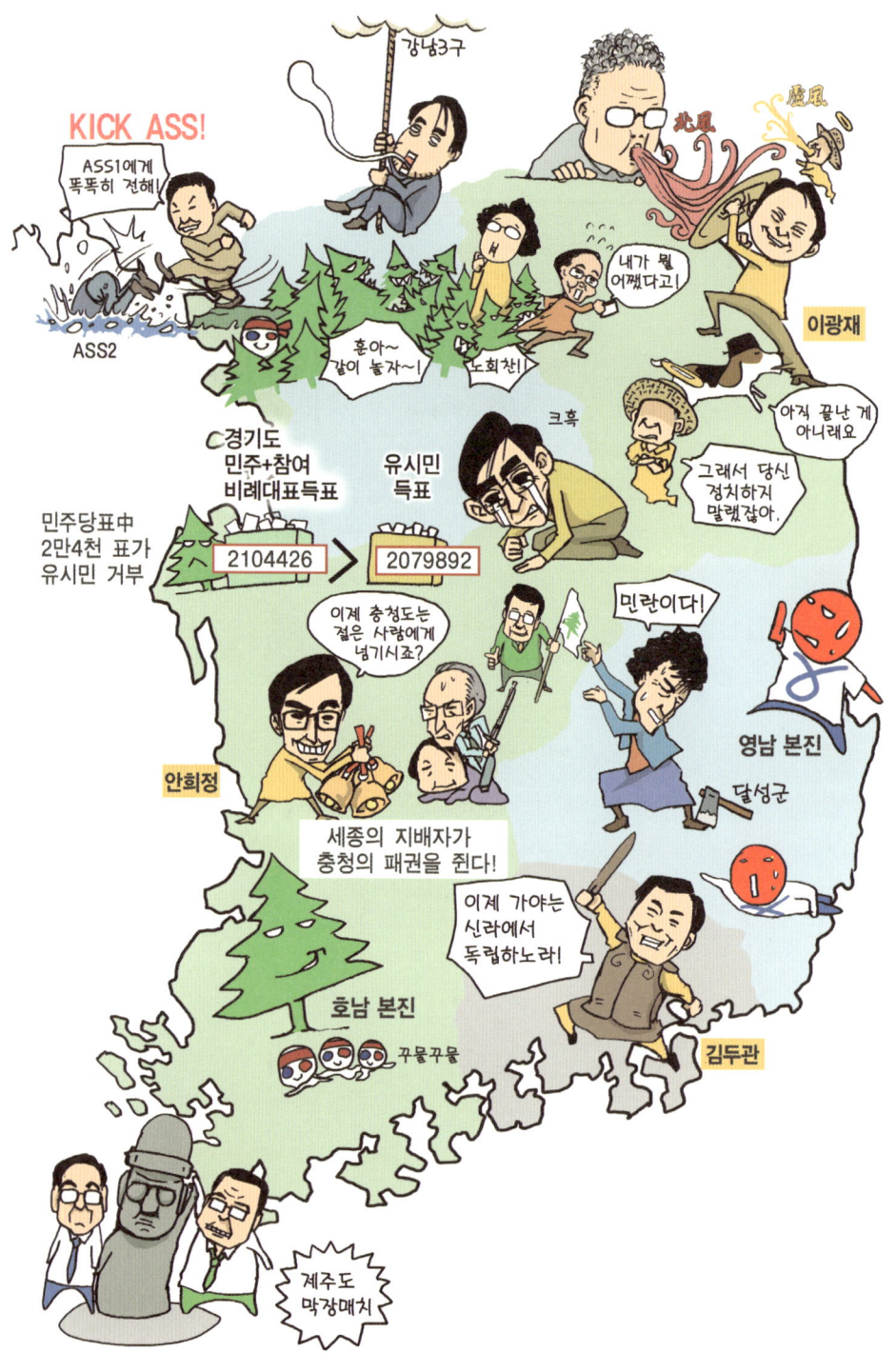

굽시니스트의 못다 한 이야기

6·2 지방선거에서 민주당의 승리는 사실 '대승'이라고 하기에는 좀 부족한 결과지 싶습니다. 충청도야 세종시 문제로 일찌감치 민주당의 우세가 예상되었고 경남은 민주당이 아니라 친노 무소속의 승리였지요. 강원도에서의 승리가 의미 있긴 했지만 결국 이광재 지사는 도지사직을 상실하고 말았습니다. 무엇보다도 가장 중요한 승부처인 서울과 경기도에서 한나라당은 수성에 성공했습니다. 노무현 정권 이전, 수도권이 전통적인 민주당 강세 지역이었다는 걸 생각하면 이번에 수도권 탈환에 실패했다는 건 이 선거에서 민주당이 승리를 주장하는 데 꼭 필요한 가장 큰 고지 두 개를 빠뜨린 모양새입니다.

뭐 그래도 일단 한나라당은 수많은 성들을 줄줄이 함락당해 충격에 휩싸였고 결국 정몽준 대표가 옷을 벗게 되었습니다.

주목할 것은 이 선거에서 전국 득표를 다 합산할 경우, 결국 한나라당이 범야당보다 더 많은 표를 얻었다는 점입니다. 6·2 지방선거 득표율을 그대로 대선에 대입시키면 한나라당이 승리하는 모양새가 되겠죠.

월드컵

2010년 6월 26일자

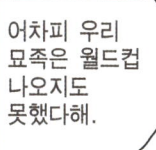

굽시니스트의 못다 한 이야기

남아공 월드컵의 열기가 지구촌을 데우기 시작할 때 저 멀리 지중해에서는 이스라엘군이 가자지구로 향하는 구호선을 향해 총격을 가해 19명이 죽는 사건이 터졌습니다. 어차피 더 잃을 인망도 없다는 생각으로 막 나가는 이스라엘군입니다. 민족과 종교가 하나로 뭉쳐진 키메라가 어떤 건지 잘 알겠습니다. 이 사건에 대한 유엔안보리 조사 결의에 우리나라가 던진 기권표는 왠지 국격을 부끄럽게 만드는군요. 이 무렵 한창 정부가 노력하고 있던 천안함 외교가 어떤 성과를 거뒀는지 모르겠지만 국제외교에서 존중받을 만한 위치를 점하려면 그에 걸맞은 외교적 체면이 필요하지 않을까 싶습니다.

그리고 나로호는 공중폭발해버렸지만 우리나라 대표팀은 결국 유럽의 강호 그리스를 2:0으로 이겼습니다. 국가부도의 국난 속에서, 축구에서나마 위안을 얻고 싶어 하던 그리스 국민에게는 살짝 미안한 결과지만, 우리나라가 외환위기를 겪을 때 출전한 1998년의 월드컵에서도 우리 대표팀에게 동정을 베푼 팀은 없었지요.

P.S. 원래는 2010년 6월 19일자에 실릴 예정이었으나, 지면 사정으로 게재되지 못했습니다.

6·25 60주년

2010년 7월 3일자

이 참혹한 전쟁이 남긴 여러 교훈 중 하나는-

전쟁은 절대로 BOSS의 생각대로 진행되지 않는다.

서울만 찍으면 민중봉기로 남반부 전체가 저절로 굴러떨어지지 않캤어? 전쟁 껌이네~

월남전처럼 말이지~ 20년 후 얘기지만.

이 판단은 이후 60년간 평양의 악몽이 된 주한미군 주둔을 미국에 강요하게 된다.

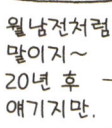

대전에 미군요!

압록강에 오줌 누면 중공애들이 가만 있지 않겠는데요?

그래도 대비차원에서 전선정리라도

퓸, 일본군한테도 개쳐발린 당나라 군대가 허세드립 쩔어주네. 무시하고 진격.

필요없어 진격 진격

이처럼 예측, 통제 불가능한 전쟁이 정치적 해결수단이 될 수 없다는 점이 자명하기에, 다시 전쟁의 참상을 감내할 수 없기에…

이후 60년간 우리는 전쟁 없이 분단을 극복하기 위해 물질적으로나 정신적으로나 저 모두를 품에 품고 우리로 녹여낼 수 있는 큰 나라를 만들기 위해 노력해왔습니다.

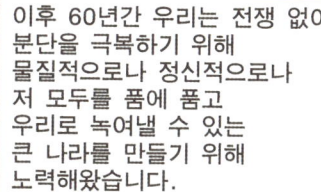

작은 나라에 대한 고집들이 여전하지만 그마저도 품고 갈 큰 나라 만들기의 길이 있습니다.

굽시니스트의 못다 한 이야기

천안함 정국 속에서 6·25 60주년을 맞이하게 되었습니다. 한반도 역사상 가장 끔찍한 대참사였지요. 300만 명의 목숨을 앗아가고 이 땅에 남은 건 격렬한 증오뿐. 이 전쟁 기간 중에 남북 양군이 한 번도 들어가지 않은 산골 마을에서 좌우가 편을 갈라 전황에 따라 상대를 학살해 마을이 폐촌이 되었다는 이야기는 이념전의 참상을 극명하게 드러냅니다. 그 헬게이트를 열어젖힌 김일성의 시체는 박제되어 금수산 기념궁전의 유리관에 전시되어 있습니다. 언젠가 그 시체를 부관참시하거나 삶아서 개 사료로 쓸 날을 기다리는 분들도 있지만, 분노와 증오만으로는 60년 넘게 엉킨 이 고르디우스의 매듭을 풀 수 없을 것입니다.

틱낫한 스님 말씀처럼 분노라는 것은 그것을 계속 곱씹을수록 꼬리에 꼬리를 물며 이어지고 발산할수록 더 커지며 내 마음의 주인을 나에서 증오로 바꿔나가기 마련입니다.

우리는 역사에 대해 짧게 분노하고 길게 슬퍼해야겠습니다.

모세와 이명박

2010년 7월 10일자

굽시니스트의 못다 한 이야기

가카의 기나긴 세종시 전투는 결국 패배로 끝났습니다. 세종시 원안은 확정되었고, 충청도 민심은 썰물처럼 빠져나갔습니다. 아예 세종시에 손을 대지 않았으면 충청도민과 척을 질 일도 없었을 텐데 말입니다. 과감하게 승부수를 던진 공주님만 승리자로 만들어줬지요.
대전 시민인 굽시가 볼 때, 대전에 나무를 많이 심어서 인기가 나쁘지 않았던 한나라당 박성효 시장이 지방선거에서 낙선한 건 오로지 가카 때문입니다. 덕분에 저 머나먼 고대 홍염 시대의 염홍철 시장이 다시 복귀했지요.
그 와중에 충청남도는 새로운 도지사로 민주당 친노 안희정 지사를 선출했습니다. 정운찬 전 총리가 '나가리'된 마당에 이제 저 젊은 도지사에게 올인해보자, 라며 충청도민이 거는 기대가 대단합니다. 이건 사실 비밀이지만 충청도 사람들은 기필코 10년 안에 충청도 출신 대통령을 만들어내겠다는 각오를 봄·가을 체육대회 때마다 다지고 있답니다. 세계대백제전을 치르고 TV드라마 〈근초고왕〉을 보면서 결의를 다지고 있지유.

영포 메이슨

2010년 7월 17일자

굽시니스트의 못다 한 이야기

한 나라의 막장도를 보여주는 현상 중 하나가, 관료체계의 공식적인 업무 라인보다 사적인 비선 라인이 더 중요시되는 현상입니다. 옛날 12·12 때도 장교들이 군의 공식적인 명령체계보다 사조직 하나회 라인에 충성을 바쳤지요.
공식적인 국가 시스템을 비웃으며 권력을 사유화하고 자신들을 진정한 일진이라 믿으며 비밀리에 정권을 보위하는 이 사조직이, 이름을 말할 수 없는 정권의 초실세부터 고위직 공무원들에게까지 그 세포망이 뻗쳐 있다고 하니 참으로 후덜덜합니다. 무슨 프리메이슨이나 일루미나티 흉내라도 내보고 싶은 건지 모르겠습니다. 그렇게 비밀조직 놀이를 하려면 대포폰 같은 것도 분명 필요하겠지요.
공직자는 국가에 충성을 바쳐야죠. 국가의 기간을 맡은 사람이 국가가 아니라 정권에, 사조직에 충성을 바치고 있다면 나라의 미래가 암담합니다.
영화 〈포화 속으로〉는 한국전쟁 당시 포항전투에 투입된 학도병의 실화를 다뤘습니다. 대체로 짜임새 있게 만들어진 영화지만 몇몇 구태의연한 장면에 손발이 오그라들기도 합니다. 여기서 학도병 중대장역을 맡은 탑은 청룡영화제 신인남우상을 수상했습니다.

7·28 재·보선 전야

2010년 7월 31일자

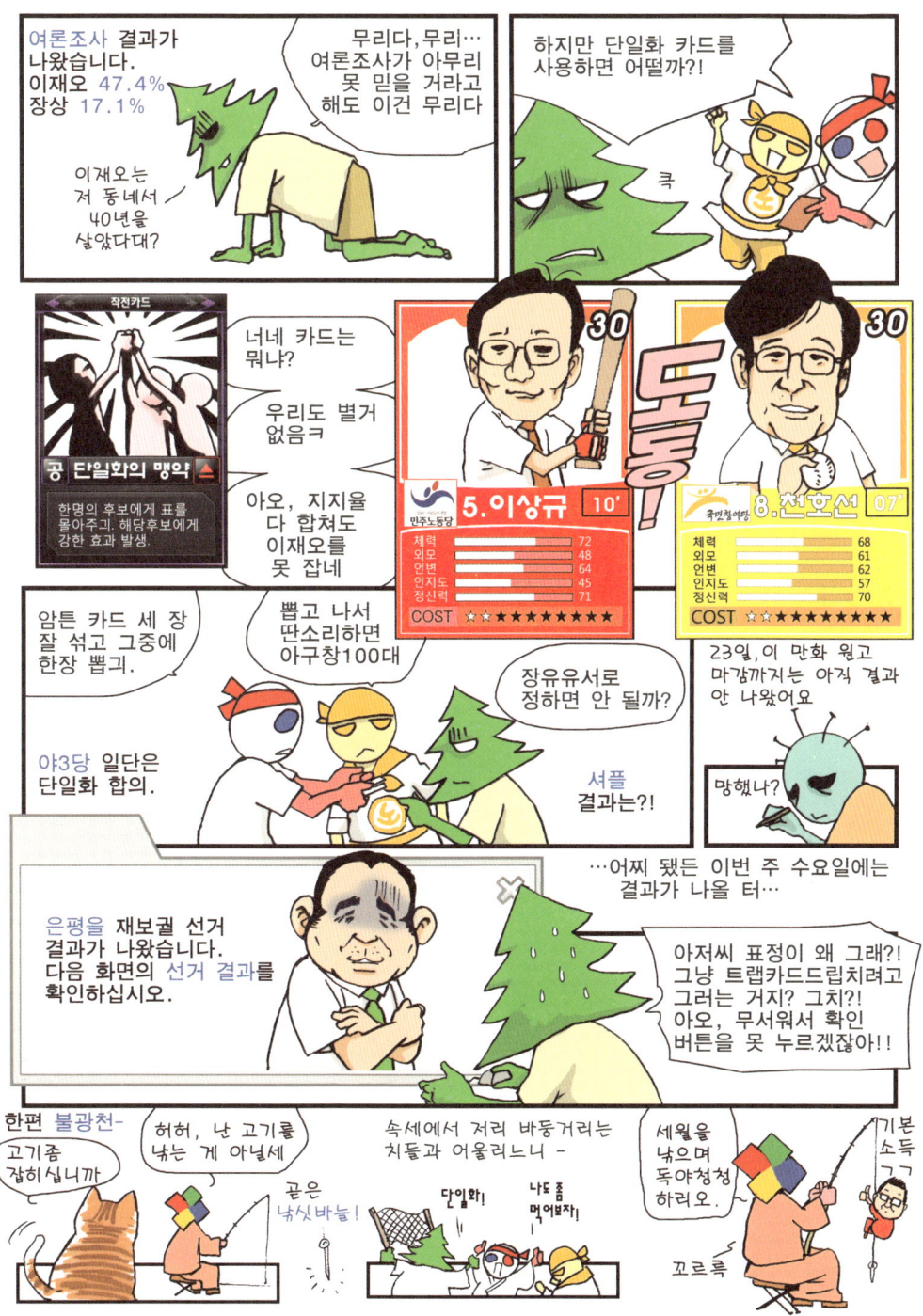

굽시니스트의 못다 한 이야기

7·28 재·보궐 선거 결과, 5:3으로 한나라당이 민주당을 떡실신시켰습니다. 영남권 선거구는 한 곳도 없었던 선거에서 말이죠. 특히 모든 이들의 이목이 집중된 서울 은평을에서 이재오라는 보스몹에 대해 내놓은 민주당의 장상 카드는 사람들로 하여금 민주당이 선거 치를 의지가 있는지 궁금하게 만들었습니다. 더군다나 그 민주당 후보에 대해 울며 겨자 먹기로 단일화에 먹혀들어간 민노당·참여당은 아직까지도 이를 박박 갈고 있다고 합니다. 특히 이때 광주에서 민주당이 민노당에 대해 색깔론 공격에 나섰음에도 불구하고 민노당은 은평을 단일화를 깨지 않았습니다.

사실 어쩔 수가 없는 게, 이재오 의원은 은평구에서 40년을 산 토박이로 이미 그 동네에서 3선이나 한 분이란 거죠. 18대 총선에서 문국현 바람에 살짝 나가 떨어지긴 했지만, 다시금 정권의 실세로 돌아온 이재오 국민권익위원장을 구민은 환호하며 4선 의원으로 만들어줬습니다.

PC 클라이언트 게임 〈프로야구 매니저〉는 몰입감 있게 잘 만든 게임이긴 하지만, 웹버전이나 앱으로 플레이할 수 없기에 모바일 접근성이 떨어진다는 점은 꽤나 아쉽습니다.

7·28 재·보선 후

2010년 8월 7일자

굽시니스트의 못다 한 이야기

7·28 재·보선 결과 결국 정세균 대표는 사표를 쓰게 됩니다. 민주당의 야심가 군웅들을 끝까지 누르고 있기에는 정세균 대표가 조금 힘에 부친 느낌입니다.
그리고 사람들은 반MB라는 구호만으로 야당이 활로를 찾을 수 있을지에 대해 의문을 품기 시작합니다.
이 즈음 영화 〈인셉션〉은 대단한 흥행몰이를 하고 있었지요. '꿈속의 꿈속의 꿈속의 꿈'이라는 소재를 교묘하게 이야기로 엮어 보여준 놀란 감독의 역량은 정말 놀랍습니다. 이 영화에 대한 사람들의 떡밥 분석글이 한때 인터넷을 가득 채웠지요.

외교 5류

2010년 8월 14일자

굽시니스트의 못다 한 이야기

세계 4대 강국에 둘러싸인 채, 휴전선 너머의 평양정권까지 끼고 앉은 우리나라는 외교에 있어서 그 입지가 극히 제한적일 수밖에 없습니다. 그러나 바로 그 외교에 국가안보의 대업이 걸렸고 동시에 무역국가의 활로가 달렸습니다.

때문에 대통령의 중요한 책무 중 하나가 국가를 대표해 외국과의 외교를 주관하는 일입니다. 개인으로서 한 나라의 의지를 대의한다는 것은 대단한 영광이자 막중한 책임을 짊어지는 일입니다. 그 대통령을 보좌해 외교 업무에 종사하시는 분들이 공부도 많이 하고 외국 사정에 밝은 똑똑한 분들이라 믿고 그 전문적인 업무에 대해 짧은 지식으로 가타부타 않는 것이 교양 있는 국민의 자세라 하겠습니다만……. 천안함 사건 이후 우리 정부가 어떤 외교적 계책과 지략을 통해, 유리한 입지와 주변국의 협조를 득하고 안보와 경제에 공헌했는지 의심하며 추궁하지 않을 수 없는 것 또한 국민의 권리이자 의무라 하겠습니다.

앙시앙레짐

2010년 8월 28일자

굽시니스트의 못다 한 이야기

8·8 개각 청문회는 우리 사회를 이끌어나갈 고위 공직자의 자격에 대해 많은 질문을 남겼습니다. 그리고 그런 자리를 차지하는 사회 지도층의 윤리 수준에 대해서는 더 많은 질문을 남겼지요.
40대 총리후보로 화려하게 등장하며 여권의 잠룡들을 긴장시켰던 김태호 전 경남지사는 경남의 헬게이트-박연차 게이트 연루 의혹에 한방에 나가 떨어졌고, 신재민 문광부장관 내정자는 위장전입에, 이재훈 지식경제부장관 내정자는 희대의 '노후대책용 쪽방촌 투기'에 나가 떨어졌습니다.
이주호 교육부장관은 논문표절 문제로, 진수희 복지부장관은 친인척 특혜 의혹 등의 꼬리표를 달고 살아남았습니다. 도저히 살아남기 힘들 것 같았던 조현오 경찰청장은 노무현 전 대통령 차명계좌 발언이나 천안함 유족 짐승 망언, 위장전입, 억대 조의금에도 불구하고 질기게 살아남았지요. 다른 후보를 쳐내면서까지 조현오 청장을 살린 청와대의 저의가 심히 궁금해집니다.
스타크래프트2는 발매와 동시에 인터넷을 뜨겁게 달구며 홍행몰이에 성공했습니다. 스타2의 미션 스토리가 보여주는 권언유착의 양상에 현 시국을 빗대는 눈길도 있었던 모양입니다.

웃지 않는 공주님

2010년 9월 4일자

굽시니스트의 못다 한 이야기

한나라당 사람들은 근혜 공주님이라는 거석이 당 한구석에 떡하니 자리잡고 앉은 이상 '차기'에 대해 의식하지 않을 수가 없겠지요. 거꾸로 걸어놔도 청와대 시계바늘은 돌아가며 이 대통령의 임기는 중반을 넘어섰습니다.

지난 대선 경선 이래 계속 원한을 쌓아온 친이-친박의 쟁투는 근간의 세종시 문제에서도 극명히 드러났으며, 이 과정에서 근혜 공주님이 승리하면서 차기에 대한 친이 쪽의 불안감은 더욱 증폭되었습니다.

그래도 정치 속설에 대통령이 누군가를 다음 대통령으로 만들어주지는 못하지만 누군가를 발목 잡는 건 할 수 있다는 말이 있으니, 근혜 공주님으로서도 가카와 너무 심하게 척을 지는 건 현명한 선택이 아니겠죠. 그리하여 이 즈음에 가카와 공주님이 같이 만나 차를 마시며 화기애애한 모습을 보여줬다고 합니다.

이 즈음 지난 정권에서의 국새 제작 과정이 엉망진창이었으며 제작자가 금도장을 만들어 고위직에게 돌렸다는 사실이 드러났습니다. 당시 정동영 장관도 그 금도장을 받았는데, 무속 전문가들이 말하길 국새의 금으로 만든 도장은 대권에 효험이 있을 수 있다고 하더이다. 그런데 결국 효험이 없었군요.

전쟁편

2010년 9월 11일자

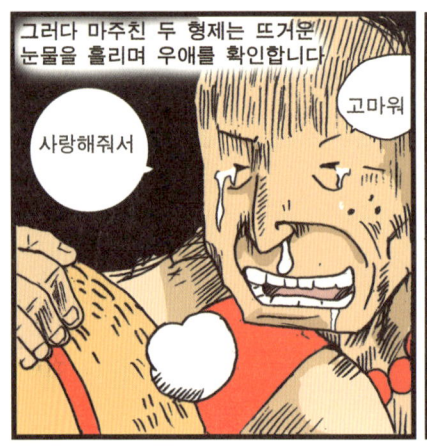

굽시니스트의 못다 한 이야기

한나라당의 수도권 친이 소장파 3인방 정두언·남경필·정태근은 자신들을 대상으로 진행된 관내 사조직의 불법사찰에 분노를 터뜨리며, 그 배후로 형님 대원군 이상득 의원을 지목하고 있습니다. 그 사조직에 속한 공무원이 저 소장파 의원을 사찰할 경우, 사찰 내용을 보고받을 위치에 있는 실세가 이상득 의원일 것이라는 추론은 꽤나 설득력 있는 추론이지만, 검찰은 그 라인의 가장 말단인 이인규 지원관 선에서 수사를 마무리짓고 덮어버렸습니다.

불법사찰까지 당한 저 소장파는 형님 대원군에 대해 이를 갈지만 아직은 힘의 차이가 명백한 것 같습니다.

등장한 만화는 〈원피스〉의 '해군본부 전쟁편'으로, 주인공의 형인 에이스가 사망하는 장면입니다. 이어서 등장하는 불곰은 스타크래프트2에 등장하는 테란 지상유닛으로, 어머니 없이 자란 한을 전투력으로 승화시킨 강력한 유닛입니다.

'공후백자남' 대사·영사·서기관

2010년 9월 18·25일자

굽시니스트의 못다 한 이야기

유명환 장관 딸 외통부 특채 사건으로 외교통상부가 뒤집어졌습니다. 외교관 로열 패밀리가 지배하는 그들만의 리그는 이미 널리 알려진 사실이지만, 저 정도로 노골적일 줄은 몰랐죠. 특권계층에 의한 권력과 부의 독점이 점차 고착화되어가고, 그들이 이끄는 나라는 그 특권층만을 위한 도구로 전락해가는 게 아닌가 싶습니다.
이 무렵 연예인 신정환 씨가 필리핀에서 도박 관련 문제로 귀국하지 못하게 된 일이 있어 많은 사람이 안타까워했습니다.
〈북으로〉는 1999년에 발매된 홋카이도 관광 게임으로 우리나라에서는 남북해빙 무드 때 많이 인용됐습니다.

군역의 문란

2010년 10월 2일자

굽시니스트의 못다 한 이야기

이 무렵 엠씨몽이 이를 뽑고 군대를 안 갔다는 혐의로 법정에 서게 됩니다. 청와대는 김황식 감사원장을 총리로 내세우면서 당·정·청 수뇌 3인 병역면제 트리플 크라운을 찍습니다.

우리나라에서는 조선시대 이래 군대를 안 가는 게 특권층의 기본 조건인 듯싶습니다. 군역은 천역인 게지요. 누군들 군대 가서 내무실을 굴러다니며 병장 양말이나 빨고 싶겠습니까마는, 지배자의 피를 타고난 분들은 더더욱 그런 천역이 자신에게 지워지는 것을 용납할 수 없으신 듯합니다.

마지막 컷의 무솔리니는 애초에 극좌 지식인이었지만 제1차 세계대전 무렵 영국 정보부 MI5에 매수되어 이탈리아의 참전 운동을 벌이며 극우로 전향하게 됩니다. 스스로도 참전해 전투 중 부상을 입지요. 그리고 귀향해서 만든 귀향군인연합이 파시스트당의 씨앗이 됩니다.

'김씨조선' 세자 책봉

2010년 10월 9일자

굽시니스트의 못다 한 이야기

김정일이 결국 3대 세습을 감행했습니다. 이 무렵 공개된 김정은 사진은 그래도 아직은 건강해보였지만(만화에 그린 김정은은 그 공개된 사진을 보고 그린 김정은이라 생김새가 현재의 실물과 많이 다릅니다), 이후 공개된 뚱뚱한 사진은 청소년 비만과 그에 따른 여러 질환에 대해 경각심을 고취시켰습니다. 뭐 집안 내력이라면 어쩔 수 없지요.
이 3대 세습과 관련해 남쪽에서는 민노당의 입장을 놓고 진보 쪽에서 옥신각신하느라 조금 시끌시끌했지요. 어떤 민노당 지부에서는 〈경향신문〉 절독선언을 하기도 하는 등 웃지 못할 희극이 벌어지기도 했습니다. 첫 번째 컷은 미국 갱스터 음악의 대부인 투팍(2pac)과 라이벌 노토리어스 B. I. G.입니다. 그들이 페이스 에반스를 놓고 삼각관계였다는 설도 있고, 그래서 서로 총알을 주고받았다는 이야기들도 있지만 웬만한 이야기는 다 '설'일 뿐이지요.

팔색조 손학규

2010년 10월 16일자

팔색조

천연기념물 제204호. 제주도에 번식하는 희귀종으로 7가지 무지개색 깃털이 특징이다.

보통 연예인들에게 팔색조라는 수식어가 붙으면 다양한 재능과 매력을 나타내는 칭찬의 의미로 쓰이는데,

정치인에게 팔색조라는 수식어는 말 바꾸기, 표리부동 등 부정적인 의미로 쓰임.

에? 내가 왜?

손학규 민주당 대표

이분 같은 경우,

무능한 좌파정권 심판할 우리 뉴라이트 전사 여러분!

뉴라이트 전국연합

아다다다다다;; 이거 묘소가서 석고대죄도 하고 했으니 그만 넘어가죠?!

뭐 전통적으로는 그냥 '철새'라고 하지요.

오지마! 자리없어!

그밖에 은거 중에 닭을 기르셨다든가, 집필한 책 제목도 '찍새 딱새들'이라든가, 이름 가운데 글자도 '학'이라든가, -여러모로 새와 인연이 깊으신 듯.

주인영감 서울 올라가서 뭐한대?

당선 턱으로 치킨파티 한다는데.

이것이 군계일학

과연 이 새와의 인연을 봉황으로 화려하게 마무리 지을 수 있을 것인가?!

07년에 손학규 대통령 되면 만화가 문화부장관 나온다고 만화인들이 설레발쳤었지.

에에?!

굽시니스트의 못다 한 이야기

손학규 씨가 결국 민주당 대표로 선출되었습니다. 걸어오신 정치 경력이 워낙 화려하신지라 적어도 정치력만큼은 꽤 내공이 심후하지 않을까 싶습니다. 적어도 기자들에게는 손학규 대표가 인기가 좋다고 합니다. 닭 키우고 있을 때 기자가 찾아오면 검은 닭 잡아다가 오골계탕을 끓여줬다고도 하지요.

불과 몇 년 전에 노무현 전 대통령에 대한 공격의 선봉에 서서 '경포대, 산 송장'이라고까지 발언했던 분인지라 비토세력도 만만찮지만, 그건 노 전 대통령 묘소 가서 석고대죄하는 걸로 퉁친 모양입니다. 우리가 21세기 의회 정치를 관전하는 건지 무협소설의 한 장면을 보는 건지 헷갈릴 때도 있지만, 사실 후자가 더 재밌긴 하지요.

남미가카 대박

2010년 10월 23일자

굽시니스트의 못다 한 이야기

저도 칠레 매몰 광부 구조 모습을 생중계로 지켜봤습니다. 정말 세상에 이런 해피엔딩 시나리오가 현실에 짜잔~ 하고 등장하다니……. 피녜라 대통령이 옛 군사정권 떨거지와 손잡은 재벌 출신이라고 해도 저 장면에서만큼은 인간미 넘쳤습니다. 우리 대통령께서도 그런 이미지 관리에 신경을 쓰고 계시는 것 같긴 하지만 저런 임팩트 있는 건수는 하늘이 내리시는 것이고, 어째 우리 대통령께서는 저런 해피엔딩 시나리오보다는 막장 배드엔딩 시나리오만 잔뜩 받으시니 하늘이 불공평하군요.
첫 장면에서의 갈매기똥 전쟁은, 1879~1884년에 걸쳐 벌어진 남미태평양 전쟁을 일컫습니다. 갈매기똥이 퇴적해 만들어진 구아노와 초석 광물자원을 두고 칠레가 볼리비아·페루 연합군에 맞서 벌인 전쟁이지요. 이 전쟁에서 패한 볼리비아는 태평양 해안을 잃고 내륙국이 되어버렸습니다.

ㅎ20

2010년 11월 13일자

굽시니스트의 못다 한 이야기

가카께서 야심차게 준비한 G20의 막이 올랐습니다. 정부의 호들갑으로 무슨 월드컵이나 올림픽 정도의 국제 임팩트를 기대한 사람은 G20의 막이 내리고 약간 허탈한 기분이 들었습니다. 차라리 테헤란로에서 거대한 가짜 시위라도 벌였으면 국제적인 관심을 좀 더 받았을지 모르겠습니다. 이 정부는 그런 연출력이 부족해요.

이 무렵 미국에서는 민주당이 중간선거에서 참패했고, 박지원 대표의 '시진핑 MB 훼방꾼 발언'으로 중국 쪽에 망신을 산 일도 있었지요. 푸틴 딸과 한국남의 열애설 기사로 그 한국남이 차였다는 이야기도 있었고, 일본은 조어도와 쿠릴열도에서 중·러 양 대국에 협공당하고 있었습니다. 터키는 원전을 자기들에게 팔고 싶으면 먼저 원전 살 돈을 꿔달라고 요구했고 거기에 일본이 응했습니다. 호주 총리의 남친은 미용사고, 아르헨티나 대통령의 남편인 전 대통령은 G20이 열리기 얼마전에 심장마비로 세상을 떠났습니다. 영국은 재정위기를 타파하기 위해 군대를 거의 해산 수준으로 감축하기 시작했고, 프랑스 대통령은 연금개혁 반대 시위 사태를 간신히 넘겼습니다. 독일과 프랑스는 금융거래세 도입을 통해 국제 금융의 안정화를 도모하고 있습니다.

연재분에서는 사우디 대표로 압둘 아지즈 국왕을, 터키 대표로 압둘라 귈 대통령을 실었는데, 실제로 참석한 이들은 사우디 외무장관과 터키 총리이므로 단행본에서 수정했습니다.

'환짜'

2010년 11월 20일자

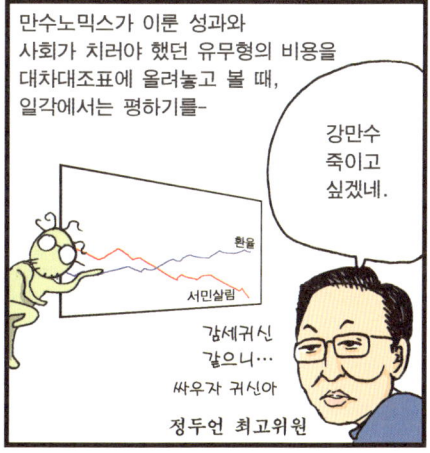

굽시니스트의 못다 한 이야기

글로벌 환율 전쟁의 막전막후에 대해 굽시가 무엇을 그리 깊게 알겠습니까……. 다만 미국과 중국이 환율의 높고 낮음과 돈의 자연스러운 흐름을 놓고 서로의 이익을 다투고 있음이 세상에 널리 알려졌을 뿐이지요. 환율조작은 하면 안 된다, 는 게 정론이라고 합니다.

첫 장면은 영화 〈타짜〉에서 가장 유명한 밑장빼기 씬입니다. 일본은 한국의 환율조작을 비난하며 자신들도 수조 엔을 들여 외환시장에 개입했지만 실패했지요.

정두언 한나라당 최고위원은 몇 개월째 분노에 가득 차 있습니다. 이상득 의원과 그 일당에 대한 분노가 넘쳐흐른 나머지 이번에는 강만수 경제특보를 겨냥해 "죽이고 싶겠네" 발언을 던졌지요. 권력 상층부의 쟁투가 점점 살벌해져갑니다.

욕망의 불꽃

2010년 11월 27일자

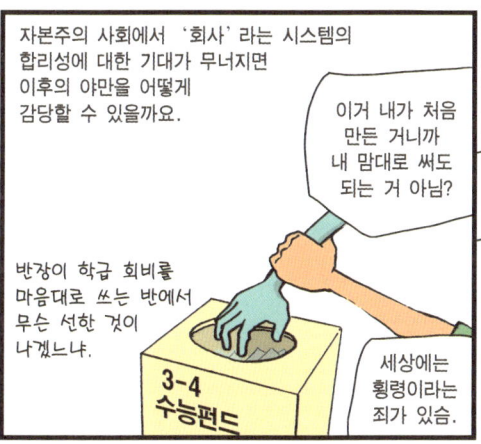

굽시니스트의 못다 한 이야기

정주영 회장은 1차 왕자의 난을 통해 결국 현대그룹을 5남인 정몽헌 회장에게 넘기고, 장자인 2남 정몽구 회장에게는 현대차를 맡겼습니다. 이후 정몽헌 회장이 자살하고 현대그룹은 그 미망인 현정은 회장이 맡게 됩니다. 이 과정에서 시삼촌인 정상영 KCC회장과도 한판 승부를 벌여야 했지요. 그리고 이제 현대건설 인수를 통해 아버지에게 선택받지 못한 장자의 한을 풀려는 정몽구 회장과 부군의 유업을 되찾으려는 현정은 회장의 승부가 거하게 펼쳐졌습니다. 이 무슨 셰익스피어의 비극에나 나올 법한 왕가인지요. 드라마로 나오면 재밌을 것 같습니다. 실제로 근간 인기리에 방영된 MBC 드라마 〈욕망의 불꽃〉에 등장하는 대서양그룹이 바로 저 현대가를 모티브로 삼았다고 합니다.
현대차 그룹 회장 '몽구스'는 일본 만화, 드라마 〈노다메 칸타빌레〉에 등장하는 몽구스입니다.

P.S. 그런데 다시 판이 엎어져 현대그룹이 밀려나고 결국 현대차가 현대건설을 가져가는군요.

연평도 포격

2010년 12월 4일자

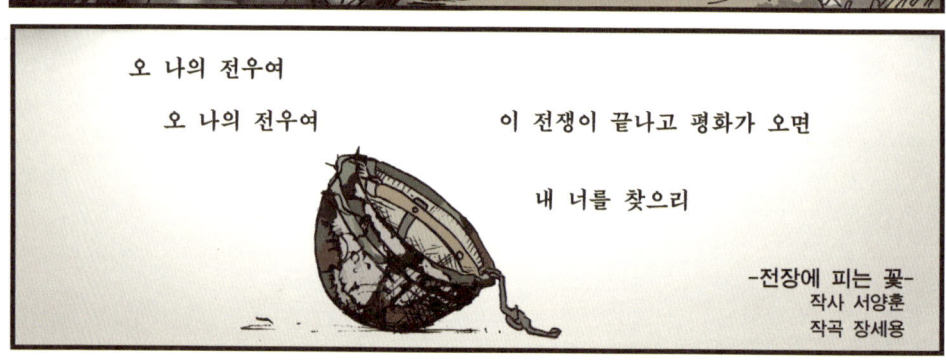

굽시니스트의 못다 한 이야기

분단 60여 년 동안, 북쪽에서 폭탄이나 총알이 날아오지 않았던 시기가 드물긴 하지만, 무장공비나 간첩, 폭탄테러와는 달리 이 포격은 명백하게 전쟁을 상기시킵니다.
21세기를 살아가고 싶어 하는 한국인에게 평양은 아직 우리가 20세기에 산다는 걸 잊지 말라고 이런 식으로 주의를 환기시키는 모양입니다. 20세기를 탈출하기 위해서는 대내적인 사회·정치 문제뿐 아니라, 대외적으로는 이 북한 문제를 어떻게든 해결해야 가능하리라 여겨집니다.
군가 〈전장에 피는 꽃〉은 한때 일선에서 애창되던 곡이었지만, 그 곡조와 가사가 너무 처연하다 하여 언젠가부터 군가 목록에서 밀려나게 되었습니다. 하지만 아직도 산골 어딘가의 오래된 부대에서는 이 노래가 구전되고 있지요.

뭘 어쩌지?

2010년 12월 11일자

굽시니스트의 못다 한 이야기

연평도 포격 이후 여러가지 지적 사항이 제기되었습니다. 예상되는 적의 움직임에 대한 판단 미스, 초동대응 미숙과 적 해안포 진지 타격 문제, 교전수칙과 확전방지 문제 등등…….
사회적으로는 천안함 이후 고조된 준전시 분위기가 그 꼭짓점을 찍었다고 할 수 있습니다. 그렇다고 주전론이 득세한 건 아니고, 화는 나는데 전쟁은 할 수도, 해서도 안 된다는 답답함이 한반도의 공기를 가득 채웠지요.
그나마 답답함으로 가득찬 한반도에 구멍 하나를 뚫어준 게 안상수 대표의 보온병 드립이니, 정치인으로 이처럼 훌륭하게 사회 분위기를 읽고 컨트롤하며 자기 희생을 감내하는 이를 본 적이 없습니다.

Komelas를 떠나는 사람들

2010년 12월 25일자

굽시니스트의 못다 한 이야기

대개 선진국치고 겨울이 없는 나라가 드물고, 열대국가치고 후진국 아닌 나라가 드물다고 하지요. 겨울이 있는 나라의 사람은 따뜻할 때 일해 놓지 않으면 겨울에 얼어 죽고 굶어 죽기 때문에 열심히 일하는 게 체질화된 반면, 겨울에 얼어 죽고 굶어 죽을 염려가 없는 열대지방 사람은 게으름이 체질화되었다는 식의 논리를 들먹이면서 내리는 결론입니다. 꽤나 거친 이론이긴 하지만, 경쟁사회와 복지사회를 놓고 얘기할 때 어르신들께서 주로 강조하시는 얘기지요.

산다는 게 참 그렇습니다. 그저 열심히 일할 수 있기를, 정직한 노동의 정직한 대가로 겨울을 날 수 있기를 바라는 사람에게만, 세상은 더욱 가혹하게 겨울 나라의 규칙을 들이미는 것 같습니다.

야누스의 문

2011년 1월 8일자

그런데 평시의 논리와 전시의 논리를 구분 못하는 사람들이 지레 겁을 먹고-

평시에 야누스의 문을 살짝 건드려 전시의 논리가 새어나오게 만들기도 한다.

연 것도 닫은 것도 아닌 문에서 흘러나온 어중간한 전시의 논리는 평시의 논리와 섞여 혼탁한 언어로 평시를 물들인다.

그 혼탁한 언어는 평시를 허물고 전시를 가볍게 만든다. 이윽고 우리는 '平時' 대신 '戰間期'라는 개념에 익숙해지겠지.

그런 차원에서 볼 때 야누스의 문이 주는 교훈은 명확하다.

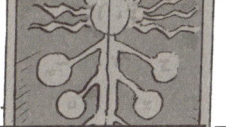

"문을 열고 닫듯, 전시와 평시를 정확하게 구분해라."

평시에 정확하게 평시의 논리에 충실한 시민의식이

전시에 전시의 논리를 뒷받침하는 힘이다.

전시를 대비하는 방법은 평시에 억지로 전시의 논리를 끌어내오는 것이 아니라, 평시에 평시의 논리에 충실하며, 그 평시를, 되찾을 가치가 있는 깔끔한 평시로 만들도록 노력하는 것이지.

굽시니스트의 못다 한 이야기

야누스는 고대 로마에서 '문의 신'으로 숭배되었지요. 문이 열리는 것이 곧 시작을 의미한다 하여 '시작의 신'이기도 합니다. 그래서 1년 중 첫달인 1월이 야누스의 달-야누아리우스(Januarius), 즉 January인 게지요. 문짝이라는 게 안과 밖이 있는 바 이 야누스는 두 개의 얼굴을 갖게 되었습니다. 전쟁과 평화, 사랑과 미움 등 하나의 물상이 상반되는 두 속성을 번갈아가며 띨 때 우리는 야누스의 두 얼굴을 떠올릴 수 있겠습니다.

성의란 무엇인가

2011년 1월 22일자

굽시니스트의 못다 한 이야기

마이클 샌델의 〈정의란 무엇인가〉 같은 책이 잘 팔린다니 참으로 이 사회에 희망이 있다 하겠습니다.
'착하게 살자'와 '모두에게 더 큰 행복을'이라는 좋은 주제를 놓고 오랜 세월 동안 똑똑한 사람들이 머리를 싸매왔고 지금도 고민 중이라는 건 정말 기분 좋은 일입니다. 그 좋은 생각에 대해 수십, 수백만 명의 한국인이 고민한다는 건 요 몇 년간 들은 뉴스 중 가장 기쁜 소식입니다. 아무리 이 사회와 구성원의 나쁜 면을 놓고 이러니 저러니 해도, 결국 밝은 미래에 대한 희망을 갖지 않을 도리가 없습니다.
안상수 대표 아들의 서울대 로스쿨 입학과 관련해 민주당의 '아니면 말고'식 폭로가 허당을 짚어 큰 망신을 샀습니다. 서울대 조국 교수님이 따끔하게 지적하셨지요. 안 대표님 자제분이 부친의 뒤를 이어 훌륭한 법조인이 되기를 기원합니다 ('법조인'까지는 훌륭한 분이셨죠).

π

2011년 1월 29일자

굽시니스트의 못다 한 이야기

모두들 경제학 공부를 열심히 해서인지, 우리 국민은 분배론보다는 성장론을 지지하는 모양새를 취해왔습니다. 다들 멸사봉공의 자세로 당장의 복지 단물보다는 나라의 더 큰 경제적 성장을 기원하고 있군요. '성장천국 복지지옥'을 열심히 설파한 매체들의 공이 크겠죠. 정말 대단한 성과입니다. 대다수 국민으로 하여금 당장 눈앞에 떨어지는 분배의 과실 대신 거시적인 안목으로 국가 경제의 성장을 바라볼 것을 요구하고 그것을 모두의 머릿속에 굳건한 믿음으로 각인시키다니. 전 세계는 새마을 운동보다 이 대국민 경제 교육을 훨씬 더 주목하리라 여겨집니다. 이렇게 깨인 국민을 가진 덕분에 국가 경제는 순조롭게 성장을 거듭하고 쌓인 부는 분배로 낭비되지 않고 부동산에 차곡차곡 쌓여 GDP를 상승시키고 있습니다.

'남미의 전설'이 그런 성장·분배론의 이미지 형성에 큰 역할을 했고, '반기업 정서'니 '파업 경제손실'이니 하는 직관적인 단어들을 통해 우매하고 과격한 좌파의 공격에 비틀거리는 위기의 한국 경제라는 이미지가 만들어졌습니다. 그런 이미지는 사람들로 하여금 '정의의 편'에 서도록 유도했지요.

그 모든 이미지를 만들어낸 천재적인 이미지 메이커는 사실 제가 어렸을 적에 생이별한 형 '광시니스트'입니다. 그 천재적인 재능을 알아본 이 모 회장에 의해 모 경제연구소 지하기지로 납치되어 개조인간이 된 후, 대국민 경제 교육 이미지 메이커로 활동하며 억대 연봉을 받고 있다고 합니다. 사실 제가 이 책을 낸 이유가 바로 광시니스트 형을 찾기 위해서입니다. 억대 연봉을 받고 있으니 동생에게 뭔가 떡고물이 떨어지지 않겠습니까.

형, 보고 있지?! 내가 더 이상 형의 비밀을 폭로하길 원치 않는다면 이 책을 만권 정도 사재기하도록.